ALAN LOY McGINNIS

Optimismus ist besser

ALAN LOY McGINNIS

Optimismus ist besser

Wie sich die stärkste Lebenskraft erlernen läßt

Die Deutsche Bibliothek – CIP-Einheitsaufnahme

McGinnis, Alan Loy:
Optimismus ist besser : wie sich die stärkste Lebenskraft erlernen läßt / Alan Loy McGinnis. [Einzig berechtigte Übers. aus dem Amerik. von Elke vom Scheidt]. – Landsberg am Lech : mvg-verl., 1998
  (mvg-Paperbacks ; 579)
  Einheitssacht.: "The Power of Optimism" ‹dt.›
  ISBN 3-478-08579-9

Lizenzausgabe mit freundlicher Genehmigung des Scherz Verlages, Bern und München

Copyright © 1990 by Alan Loy McGinnis
Titel der Originalausgabe: "The Power of Optimism"
Einzig berechtigte Übersetzung aus dem Amerikanischen von Elke vom Scheidt.
Alle deutschsprachigen Rechte beim Scherz Verlag, Bern und München

© der Taschenbuch-Ausgabe 1998 bei mvg-verlag im verlag moderne industrie AG, Landsberg am Lech

Alle Rechte, insbesondere das Recht der Vervielfältigung und Verbreitung sowie der Übersetzung, vorbehalten. Kein Teil des Werkes darf in irgendeiner Form (durch Fotokopie, Mikrofilm oder ein anderes Verfahren) ohne schriftliche Genehmigung des Verlages reproduziert oder unter Verwendung elektronischer Systeme gespeichert, verarbeitet, vervielfältigt oder verbreitet werden.

Umschlaggestaltung: Gruber & König, Augsburg
Druck- und Bindearbeiten: Presse-Druck Augsburg
Printed in Germany 080579/2984502
ISBN 3-478-08579-9

Inhalt

Zwölf Merkmale hartnäckiger Optimisten . . . 7
Wie dieses Buch Ihnen helfen kann, ein
optimistischerer Mensch zu werden 9
1 Blauäugigkeit hilft uns nicht weiter 15
2 Die Suche nach Lösungen 37
3 Nehmen Sie Ihre Zukunft in die Hand . . . 51
4 Wie Sie Ihre Energie steigern 63
5 Wie Sie Ihre Denkmuster verändern
 können 81
6 Die selektive Kraft des Denkens 101
7 Wie man die Zukunft vorhersagen kann . . 115
8 Der Unterschied zwischen Glück und
 Heiterkeit 127
9 Entwickeln Sie Ihre Fähigkeiten 145
10 Wie Liebe den Optimismus nährt 155
11 Wie Optimisten Feindseligkeit überwinden 163
12 Ihre Redeweise beeinflußt Ihren
 psychischen Zustand 179
13 Die Kunst, das zu akzeptieren, was man
 nicht ändern kann 193
14 Umwandlungskraft 201
Anmerkungen 205

Da dieses Buch sich mit Optimismus beschäftigt, ist es der vernünftigsten Optimistin gewidmet, die ich kenne. Für mich ist eine positive Einstellung nicht immer selbstverständlich, wohl aber für diese Frau, und vieles von dem, was ich über das Thema weiß, habe ich gelernt, indem ich beobachtete, wie sie lebt. Als wir uns vor vielen Jahren kennenlernten, hatte sie einige schwere Schicksalsschläge hinter sich – von der Art, die manche Leute hart und bitter machen. Sie mochte ein paar Blessuren davongetragen haben, aber sie war alles andere als hart und bitter. Im Gegenteil, sie war begierig auf das Leben und wollte wieder lachen und lieben. Im Lauf der Jahre hat ihre Begeisterung nach und nach auf mich abgefärbt, und noch immer bewundere ich meine Frau Diane mehr als jeden anderen Menschen, den ich kenne.

Zwölf Merkmale hartnäckiger Optimisten

1. Optimisten werden selten von Schwierigkeiten überrascht.
2. Optimisten halten nach Teillösungen Ausschau.
3. Optimisten glauben daran, daß sie selbst die Kontrolle über ihre Zukunft haben.
4. Optimisten lassen regelmäßige Erneuerung zu.
5. Optimisten unterbrechen negative Gedankengänge.
6. Optimisten stärken ihre Fähigkeit zur Wertschätzung.
7. Optimisten benutzen ihre Phantasie, um den Erfolg vorherzusehen.
8. Optimisten sind heiter, auch wenn sie nicht glücklich sein können.
9. Optimisten sind überzeugt, daß sie eine fast unbegrenzte Fähigkeit zur Entfaltung haben.
10. Optimisten bauen viel Liebe in ihr Leben ein.
11. Optimisten tauschen gerne gute Neuigkeiten aus.
12. Optimisten akzeptieren, was sich nicht ändern läßt.

Wie dieses Buch Ihnen helfen kann, ein optimistischerer Mensch zu werden

> Die größte Entdeckung meiner Generation ist, daß Menschen ihr Leben ändern können, indem sie ihre geistige Einstellung verändern.
>
> *William James*

Haben Sie sich je gefragt, warum manche Menschen ihre Probleme als Herausforderung empfinden, während andere sich davon überwältigen lassen?

Diese Art von psychologischem Rätsel bereitet uns Therapeuten eine Menge Kopfzerbrechen. Was ist es, das einige unserer Patienten befähigt, sich wieder aufzurappeln, während andere – mit ähnlichem Hintergrund und ähnlichen Niederlagen – sich davon nie mehr erholen? Die hartnäckigen Optimisten mögen in bezug auf Intelligenz und Aussehen ganz durchschnittliche Leute sein, aber sie wissen, wie sie sich ihre Motivation erhalten, und gehen mit einer «Ich kann das»-Philosophie an ihre Probleme heran. Sie verstehen es, in der Familie oder im Kollegenkreis einen starken, positiven Zusammenhalt aufzubauen, und aus Tragödien tauchen sie irgendwie stärker und attraktiver wieder auf.

Es besteht kein Zweifel daran, daß eine solche Einstellung Menschen befähigt, auf ihrem Gebiet die Spitze zu erreichen. Neueste Studien zeigen, daß Optimisten in der Schule sehr gute Leistungen bringen, gesünder sind, mehr Geld verdienen, lange und glückliche Ehen führen, mit ihren Kindern verbunden bleiben und vielleicht sogar länger *leben*.

Dieses Buch ist ein Ratgeber

Das vorliegende Buch will die intellektuellen Gewohnheiten dieser erfolgreichen Menschen schildern und Ihnen Wege vorschlagen, wie Sie sich solche Gewohnheiten in Ihrem eigenen Leben zunutze machen können. Vor der Niederschrift habe ich alle verfügbaren psychologischen Forschungsarbeiten über die Motivation von Optimisten gelesen, kam jedoch zu dem Schluß, daß man aus den Lebensläufen optimistischer Menschen mehr lernen kann. Folglich habe ich fast tausend Biographien gelesen und das Leben vieler erfolgreicher Leute analysiert.

Beim Studium dieser Menschen entdeckte ich eine Anzahl von Merkmalen, die die meisten Optimisten gemeinsam haben. Diese Optimisten sind nicht unbedingt mit einer heiteren Veranlagung auf die Welt gekommen, und sie waren auch keine besonderen Glückskinder. Viele wuchsen in schwierigen Verhältnissen auf, und die meisten erlitten irgendwann schwere Rückschläge. Doch im Laufe ihres Lebens entdeckten sie Techniken, mit denen sie Depressionen bewältigen und sich ihre Begeisterung erhalten konnten. Manchen Leuten waren diese psychologischen Fertigkeiten so selbstverständlich, daß sie sie ganz unbewußt benutzten. Andere brauchten einen vorsätzlichen Aktionsplan, um sich vom Pessimisten zum Optimisten zu wandeln. Die Strategien aber, die sie benutzten, um motiviert zu bleiben, sind sich bemerkenswert ähnlich; in den folgenden Kapiteln werde ich diese Strategien im einzelnen untersuchen.

Können sich Pessimisten verändern?

In meinem Beruf als Psychotherapeut treffe ich viele Menschen, die sagen, sie würden schrecklich gern eine positivere Einstellung haben, aber sie glauben, sie seien von Natur aus negativ veranlagt. Manche berichten, sie hätten ihr ganzes Leben lang eine pessimistische Einstellung gehabt, und sind überzeugt, daß sie sich niemals ändern können. Wenn ich ihnen dann erkläre, daß die zeitgenössischen kognitiven Psychologen praktische, leicht zu befolgende Schritte entwickelt haben, mit denen man die eigene Einstellung verändern kann, und daß die Denkgewohnheiten der Optimisten von jedem erlernbar sind, wird diesen Menschen leichter ums Herz. Denn niemand *will* Pessimist sein.

Hartnäckige Optimisten

Andererseits wollen die meisten von uns auch keine naiven, blauäugigen Typen sein, die Böses weder sehen noch hören. Darum ist dieses Buch ganz praktisch angelegt. Ich schlage realistische, durchführbare Methoden vor, Schwierigkeiten ins Auge zu sehen und sich gleichzeitig eine optimistische Einstellung zu erhalten.

Einige Ratschläge sind so alt wie die Bibel; andere sind das Ergebnis neuester psychologischer Forschung. Alle aber sind vernünftige Strategien, die Hunderten unserer Patienten geholfen haben, den Zustand von Entmutigung und Depression zu überwinden. Ich führe Beispiele an, die Ihnen zeigen sollen, wie Sie sich von den Umständen weniger entmutigen und deprimieren lassen und mentale Techniken entwickeln können, die Ihnen eine heitere Lebenseinstellung, mehr physische Energie, eine Eignung zum Erfolg und reiche, liebevolle Beziehungen bringen werden.

Diese Behauptungen mögen Ihnen sehr kühn erscheinen, aber sie basieren auf den wahren Geschichten wirklicher Menschen, die gelernt haben, in ihrem Alltagsleben glücklich und im Beruf produktiv zu sein.

Selbstverbesserung

Ein großer Vorteil der folgenden Prinzipien besteht darin, daß die meisten Leute keine jahrelange Beratung brauchen, um sie erfolgreich anwenden zu können. Viele der Geschichten in diesem Buch handeln von Pessimisten, die ganz allein und ohne Hilfe professioneller Psychotherapeuten sich neue Einstellungen und ein neues Herangehen an Probleme angeeignet haben.

Die Behauptung, daß es ein ganz bestimmtes «Geheimnis» gibt, um ein heiteres, vitales Leben zu führen, wäre natürlich Unsinn. Optimisten benutzen in der Praxis unterschiedliche Mittel, um mit verschiedenen Situationen umzugehen; die Gesamtheit dieser Eigenschaften ist es, die sie erfolgreich macht. In den folgenden Kapiteln habe ich aus diesen Eigenschaften allerdings zwölf grundlegende Merkmale von Optimisten herausdestilliert.

Jedem ist ein eigenes Kapitel gewidmet. Ich bin überzeugt, daß jeder, der diese Kapitel aufmerksam liest, Methoden des täglichen Lebens erlernen kann, die ihn wirklich glücklich und zufrieden machen. Die eigene Denkweise zu verändern, ist nie leicht, aber wenn Sie sich ernsthaft bemühen, sich diese Merkmale anzueignen, können Sie nur gewinnen.

1 Blauäugigkeit hilft uns nicht weiter

> Das Leben ist nicht so, wie es sein sollte.
> Es ist so, wie es ist. Wie man damit fertig
> wird, macht den Unterschied aus.
>
> *Virginia Satir*

Es gibt eine törichte Denkweise, die sich als Optimismus maskiert, aber nichts mit dem praktischen Ansatz zu tun hat, der Erfolg bringt. Manche Menschen glauben immer, die Dinge würden sich zum Guten wenden, und fühlen sich genarrt, wenn sie sich verschlechtern. Als Folge davon werden sie desillusioniert und zynisch. Echten Optimisten dagegen ist bewußt, daß sie in einer unvollkommenen Welt leben, in der Liebe endet, Unschuldige betrogen werden und Kranke sterben.

Merkmal Nummer eins ist also:

Optimisten werden selten von Schwierigkeiten überrascht.

Im Februar 1901 stand der junge, sechsundzwanzigjährige Winston Churchill im Unterhaus auf, um seine Jungfernrede zu halten. Für die nächsten fünfzig Jahre war das seine Bühne, auf der er fast ständig kritisiert wurde und viele demütigende Niederlagen einstecken mußte. In jenen frühen Jahren war er wahrscheinlich der meistgehaßte Mann im Unterhaus. Achtunddreißig Jahre später, als Großbritannien am Rande des Zusammenbruchs stand, forderte König Georg VI. Churchill auf, eine neue Regierung zu bilden. Inzwischen war er fünfundsechzig und das älteste Staatsoberhaupt Europas. Der hartgesottene Politiker hatte zu lange gelebt und war in zu vielen Kämpfen erprobt, um ein falsches Lächeln aufzusetzen oder sich blauäugig über die Zukunft zu äußern. «Ich habe nichts zu bieten als Blut, Mühe, Tränen und Schweiß», erklärte er seinen Landsleuten an jenem Sonntagabend im Mai 1940. Verbunden mit diesem unverblümten Realismus war jedoch der leidenschaftliche Wille, sich dem bevorstehenden Kampf zu stellen, und die Überzeugung, daß die entmutigte und schlecht ausgerüstete britische Nation ihr Schicksal steuern konnte. Nach dem Fall Frankreichs sagte Churchill: «Wir werden an den Stränden kämpfen, wir werden an den Landungsstellen kämpfen... wir werden auf den Hügeln kämpfen; wir werden uns niemals ergeben.»

Diese Mischung aus Realismus und entschlossener Hoffnung brachte den Alliierten schließlich den Sieg. Und es ist genau diese Mischung, die jeden erfolgreichen Menschen antreibt.

Wie können wir nun eine so ausgewogene Einstellung zu Schwierigkeiten aufrechterhalten? Hier sind einige Strategien.

Strategie Nr. 1: Betrachten Sie sich als jemanden, der die Probleme löst

Wenn es ein starkes Beruhigungsmittel gäbe, das uns all unsere Probleme vergessen ließe, dann würden nur wenige von uns es nehmen, denn wir wissen, daß Probleme oft das Beste in uns zutage fördern. Der hervorragendste Verkäufer, den ich kenne, ist Mike Somdal; ehe er sich größeren Dingen zuwandte, war er mein literarischer Agent. In jenen frühen Jahren war ich ein unbekannter und unveröffentlichter Autor, und wenn wir verreisten, um Verlage aufzusuchen, wurden wir nicht immer mit offenen Armen empfangen.

Eines Tages machten wir einem Verleger einen Vorschlag, den ich für großartig hielt. Er wurde auf der Stelle abgelehnt. Auf dem Rückweg zu unserem Hotel war ich enttäuscht und niedergeschlagen und beinahe bereit aufzugeben.

Nicht so Mike. Als wir unser Zimmer erreichten, begann er tief in Gedanken versunken auf und ab zu gehen. Plötzlich rieb er sich die Hände und rief aus: «So macht Verkaufen Spaß! Es gibt bestimmt einen Weg, auf diese Leute zurückzukommen und an ihre Bedürfnisse zu appellieren. Wenn uns das gelingt, werden sie darum *bitten,* uns etwas abkaufen zu dürfen. Wir brauchen nur den richtigen Ansatz zu finden!»

Was ich als Scheitern betrachtete, tat er achselzuckend als die Art von Rückschlag ab, die jeden trifft, der sich Großes erträumt. Tatsächlich schien diese Herausforderung seine Energie neu anzufachen. Binnen kurzem hatte ein anderer Ansatz Erfolg, und wir handelten auch Verträge mit einigen Verlegern aus, die uns vorher abgewiesen hatten.

Mike hat bei fast allem Erfolg, was er unternimmt, in erster Linie deswegen, weil er sich selbst als Problemlöser betrachtet – als jemanden, der Schwierigkeiten ausräumt, als Mensch, der in belastenden Situationen zu großer Form aufläuft. Wenn er gegen eine Wand stößt, tritt er einfach zurück und denkt sich einen neuen Weg aus, um sie zu überwinden oder zu umgehen.

Für ihr Buch «Führungskräfte» interviewten Warren Bennis und Burt Nanus viele Spitzenmanager der Welt. Ein auffallendes Merkmal unterschied sie von der übrigen Bevölkerung. «Sie denken einfach nicht an Scheitern», bemerkten die Autoren. «Sie benutzen nicht einmal das Wort. Sie greifen auf

Synonyme zurück wie ‹Fehler›, ‹Panne›, ‹Stümperei› oder zahllose andere wie ‹Fehlstart›, ‹Durcheinander›, ‹Pfusch›, ‹Ausrutscher›, ‹Rückschlag› und ‹Irrtum›, aber niemals *Scheitern*.»

Strategie Nr. 2: Sehen Sie sich nach verschiedenen Alternativen um

Optimistische Leute haben nicht nur Erfolg, weil sie sich selbst als Problemlöser sehen, sondern auch, weil sie ein ganzes Arsenal von Alternativen im Hinterkopf haben. Wenn ein Ansatz fehlschlägt, versuchen sie es einfach mit einem neuen.

In Homers *Odyssee* gibt es eine wunderbare Szene, in der der Sohn des Odysseus sich Sorgen macht, sein Vater werde niemals aus den Kriegen zurückkehren. Doch Pallas Athene, die Heldin des Buches, beruhigt ihn sanft: «Nicht wird er dir noch lange der eigenen väterlichen Erde fern sein! Und wenn ihn auch eiserne Bande hielten, darauf sinnen wird er, wie er heimkehrt, *denn er ist reich an Erfindungen.*» Das ist eine gute Beschreibung der hartnäckigen Optimisten, über die wir reden: Sie finden immer einen Weg. Sie hören nicht auf zu versuchen, zu experimentieren, sich umzusehen. Und eines ihrer Experimente funktioniert schließlich. Odysseus kehrt tatsächlich rechtzeitig heim, um die Freier zu vertreiben, die um seine Frau werben, und seine Familie wieder zu vereinen – es ist vielleicht die eindrücklichste Heimkehr-Szene der gesamten Weltliteratur.

Nehmen wir eine modernere Analogie. Wenn man einen geschickten Football-Spieler beobachtet, dann hat man vielleicht den Eindruck, daß er den Kopf einzieht und einfach drauflosrennt, bis er durchkommt. Tatsächlich jedoch ist das, was wir hier sehen, ein meisterhaftes Überprüfen von Möglichkeiten. Der Läufer nimmt in Bruchteilen von Sekunden Dutzende von Anpassungen und Richtungsänderungen vor und hält ständig Ausschau nach Lücken in der scheinbar undurchdringlichen Mauer des Gegners – kurz gesagt, er sucht alternative Lösungen.

Diese Anpassungsfähigkeit ist ein Merkmal erfolgreicher Menschen auf den verschiedensten Gebieten. Ein junger Mann namens James Whistler war Kadett in West Point und wollte Berufsoffizier werden, aber er fiel in Chemie durch und wurde schließlich entlassen. Ohne zurückzuschauen, wandte er sich der Malerei zu und wurde zu einem der meistgefragten Künstler seiner Generation. Whistler sagte, wenn Silikon ein Gas wäre, wäre er Generalmajor geworden.

Julio Iglesias war Berufsfußballer in Madrid; durch einen Autounfall war er über ein Jahr gelähmt und seine Karriere zerstört. Eine Krankenschwester gab ihm eine Gitarre, damit er sich im Krankenhaus die Zeit vertreiben konnte. Obwohl Iglesias zuvor mit Musik nicht viel im Sinn gehabt hatte, wurde er ein Popstar.

Thomas Edison führte bei der Entwicklung der Glühbirne ein Experiment nach dem anderen durch, und alle schlugen fehl. «Verflixt», sagte er während einer Versuchsserie zu einem Mitarbeiter, der den Mut verlor, «wir sind nicht gescheitert. Wir kennen jetzt tausend Methoden, die nicht funktionieren, wir sind also dem, was funktionieren wird, um so viel näher.»

Strategie Nr. 3: Sehen Sie Probleme voraus

Ist es möglich, allzu positiv zu sein? Natürlich. Wir alle kennen Menschen, deren unbesonnener Optimismus sie in Teufels Küche gebracht hat. Sie haben zu große Kredite aufgenommen, die Verkaufszahlen zu optimistisch eingeschätzt, Verzögerungen nicht vorhergesehen, und folglich schlugen ihre Geschäfte fehl.

Hartnäckige Optimisten dagegen sehen Probleme voraus. Im September 1960 beantragte eine amerikanische Chemiefirma bei der U. S. Food and

Drug Administration (zuständig für die Freigabe von Medikamenten) die Lizenz zum Verkauf eines neuen Schlafmittels, das in Europa häufig als Sedativ und gegen morgendliche Übelkeit bei schwangeren Frauen verschrieben wurde. Die Tablette bewirkte schnell eintretenden, tiefen, natürlichen Schlaf ohne morgendlichen Kater. Sie war billig und hatte bei Tierversuchen keine Nebenwirkungen. Alles schien für die Zulassung des Medikaments zu sprechen. Doch der Antrag landete auf dem Schreibtisch von Dr. Frances Kelsey, einer Mutter von zwei heranwachsenden Töchtern. Dr. Kelsey hatte viele Fragen zu dem Medikament. Die Tatsache, daß seine Wirkung im Tierversuch nicht die gleiche war wie die auf Menschen, beunruhigte sie, und sie verlangte weitere Untersuchungen.

Die amerikanische Herstellerfirma war sicher, gute Beweise für die Unschädlichkeit des Medikaments zu haben; die Tabletten waren bereits verpackt und zum Versand bereit. Die Firma legte also eine Fülle von Berichten und Studien vor und machte Druck. Doch Dr. Kelsey hatte noch immer Bedenken und ließ sich nicht zur Eile antreiben. Am 29. November 1961 traf dann ein Kabel aus Europa ein, in dem mitgeteilt wurde, daß das Medikament zu einer ganzen Epidemie von Geburtsschäden geführt hatte; am nächsten Tag wurde der Antrag zurückgezogen.

Blauäugigkeit hilft uns nicht weiter

Das Medikament – Contergan – erwies sich als eines der schlimmsten pharmazeutischen Desaster dieses Jahrhunderts. Tausende europäischer Kinder wurden ohne Arme und Beine geboren. Es gab auch Mißbildungen von Augen, Speiseröhre und Darmtrakt. Jedes dritte dieser Kinder starb.

Im August 1962 zeichnete Präsident Kennedy Dr. Frances Kelsey mit der höchsten Ehrung für Mitarbeiter der amerikanischen Regierung aus – weil sie Probleme vorausgesehen hatte.

In meiner Stadt gibt es einen erfolgreichen Bauunternehmer, der sowohl ein heiterer Mensch als auch ein cleverer Geschäftsmann ist. Einmal unterhielt ich mich mit ihm über die Ursache seiner guten Laune. Er sagte: «Ich versuche immer, zwei Dinge zu tun:

Erstens, ich frage stets: ‹Was kann ich tun, um eine schlechte Situation besser zu machen?›

Zweitens, ich versuche vorauszuplanen, um schlechte Situationen zu vermeiden, wann immer das möglich ist.»

Seine zweite Regel ist vielleicht noch wichtiger als die erste. Es gibt Zeiten, in denen negatives Denken späteren Fehlschlägen vorbeugt. Optimistisch zu sein erfordert nicht, daß Sie zu jedem ja sagen, der Ihre Zeit oder Ihr Geld will. Wenn Sie eine Investition tätigen, sich für eine Farbzusammenstellung entscheiden oder einen Stellenbewer-

Blauäugigkeit hilft uns nicht weiter

ber interviewen, dann müssen Sie immer an das schlimmstmögliche Szenario denken. Der hartnäckige Optimist stellt kritische Fragen: «Welche potentiellen Probleme gibt es hier?» – «Wie könnte das verbessert werden?» – «Unter welchen Umständen könnte das fehlschlagen?»

Optimisten sind sich bewußt, daß Dinge schiefgehen können und daß es Leute gibt, die uns, wenn wir das zulassen, unseren Job, unser Geld und sogar unseren Ehepartner wegnehmen. Der amerikanische Schriftsteller Sinclair Lewis erhielt einmal einen Brief von einer sehr jungen und sehr hübschen Frau, die seine Sekretärin werden wollte. Sie sagte, sie könne Schreibmaschine schreiben, Akten ablegen und alles übrige, und schloß mit dem Satz: «Wenn ich sage, alles übrige, dann meine ich *alles übrige.*» Lewis gab den Brief seiner Frau, und die schrieb der jungen Dame: «Mr. Lewis hat bereits eine ausgezeichnete Sekretärin, die Schreibmaschine schreiben und Akten ablegen kann. Alles andere mache ich, und wenn ich alles sage, dann meine ich *alles.*»

Das war kein Zynismus. Es war aufgeklärtes Eigeninteresse, das Probleme abwehrte, bevor sie sich entwickeln konnten.

Strategie Nr. 4: Sprechen Sie offen über negative Gefühle

Eine Bekannte von mir war an Krebs erkrankt und sagte im Endstadium zu mir: «Ich habe keine Angst zu sterben, aber ich kann den Gedanken nicht ertragen, was ich meiner Familie damit antue. Könntest du Jack etwas sagen, das ihn aufmuntert?»

«Rita», antwortete ich, «wenn ich deinem Mann den Rücken tätscheln und sagen würde: ‹Denk nicht daran, nimm's nicht so schwer›, dann wäre das eine Beleidigung. Er *will* in einer Zeit wie dieser nicht glücklich sein. Er liebt dich sehr, und weil er das tut, ist es die natürlichste Sache der Welt, daß er trauert.»

Sie dachte eine Weile nach und sagte: «Vielleicht hast du recht. Das hilft.»

Tränen sind oft ein Geschenk Gottes, und Trauer ist ein gesundes Gefühl. Eines Tages im Frühling 1953 sagte man George und Barbara Bush, daß ihre dreijährige Tochter Robin Leukämie hätte. Sie lebte noch acht Monate. Freunde sagen, die Eltern hätten «ihren Kummer hin und her gereicht und abwechselnd getrauert und einander gestützt.» Das ist die ideale Art, wie zwei Menschen ein tragisches Geschehen verarbeiten können. Mrs. Bush sagt: «George hielt mich fest und ließ mich nicht los. Wissen Sie, viele Paare, die ein Kind verlieren, lassen sich scheiden, weil sie nicht miteinander reden können. Er hat das nicht zugelassen.»

Eine Depression wird oft dadurch verursacht, daß man negative Gefühle hinunterschluckt, meistens Wut oder Trauer. (Obwohl Trauer und Depression ähnlich aussehen und oft verwechselt werden, sind sie in Wirklichkeit sehr verschieden. Depression ist nicht so sehr ein Gefühl der Trauer als vielmehr eine allgemeine Verringerung der Gefühle.) Der Weg zum Optimismus ist also nicht das Verleugnen solcher Gefühle. Im Gegenteil, wenn man sie annimmt und äußert, ist das oft der erste Schritt aus der Depression. Wie ein Weiser einmal gesagt hat: «Der Ausweg ist manchmal ein Weg *durch* etwas.»

Strategie Nr. 5: Sehen Sie das Gute in schlechten Situationen

Mit zweiundfünfzig Jahren wurde C. S. Lewis Professor für Literatur am Magdalen College in Oxford; er war ein weltberühmter christlicher Apologet und überzeugter Junggeselle; einigen Berichten zufolge fühlte er sich in Gesellschaft von Frauen ziemlich unwohl. Einer Gruppe von Fünftkläßlern aus Rockville, Maryland, die ihm geschrieben hatte, antwortete er mit folgender Selbstbeschreibung: «Ich bin groß, fett, ziemlich kahl, habe ein rotes Gesicht, ein Doppelkinn, schwarzes Haar und eine tiefe Stimme und trage zum Lesen eine Brille. Herzliche Grüße an Euch alle. Wenn Ihr Eure Gebete sprecht, bittet Gott gelegentlich, mich zu segnen.»

1952 lernte Lewis Joy Davidman kennen, eine amerikanische Dichterin mit zwei kleinen Söhnen. Sie war früher Atheistin und Kommunistin gewesen und hatte sich, teilweise durch die Lektüre von Lewis' Büchern motiviert, zum Christentum bekehrt. Leute, die Lewis kannten, waren sehr erstaunt, daß dieser gelehrte Professor, der immer männliche Gesellschaft gesucht hatte, nun auf einmal so viele Abende mit der jungen, attraktiven Amerikanerin verbrachte. Das British Home Office wollte Joy Davidmans Visum nicht erneuern, und so schlug Lewis ganz sachlich eine standesamtliche Heirat vor, als reine Formalität, um sie zur britischen Staatsbürgerin zu machen. Das Leben könne weitergehen wie bisher, versicherte er ihr, «mit getrennten Haushalten und allem». Die Ehe könne wieder aufgelöst werden, wann immer sie das wolle. Und so wurden am 23. April 1956 Lewis und Davidman in Gegenwart von zwei Zeugen standesamtlich getraut.

Nun geschah etwas Seltsames. Obwohl die Eheleute weiterhin in getrennten Haushalten lebten, verliebten sie sich allmählich ineinander. «Es begann mit Agape, ging über in Philia, wurde dann Mitleid und erst danach Eros», schrieb Lewis. Etwa um die gleiche Zeit wurde Joy krank. Eines Abends war sie allein zu Hause, stolperte über eine Telefonschnur und wurde ohnmächtig. Im Krankenhaus wurde Krebs diagnostiziert.

Lewis betrachtete die Verbindung noch immer nicht als Ehe, weil sie nicht kirchlich getraut worden waren. Also vollzog ein anglikanischer Priester im Krankenhauszimmer die religiöse Zeremonie. Während der folgenden drei Jahre gewährte die Krankheit Joy immer wieder Zeiten des Aufschubs, und sie zog mit ihren Söhnen in Lewis' Haus ein.

Obwohl Lewis wußte, daß diese Gnadenfristen irgendwann ein Ende nehmen mußten, war er untröstlich, als seine Frau schließlich starb. «Niemand hat mir je gesagt, daß Trauer sich der Furcht so ähnlich anfühlt», schrieb er in ein Notizbuch. «Ich habe keine Angst, aber das Gefühl ist wie Angst. Das gleiche Flattern im Magen, die gleiche Rastlosigkeit, das Sehnen... Sie war meine Tochter und meine Mutter, meine Schülerin und meine Lehrerin, meine Untertanin und meine Herrscherin; und immer war sie dabei auch mein vertrauter Kamerad, Freund, Schiffsgenosse und Mitsoldat. Meine Geliebte; doch gleichzeitig alles, was je ein männlicher Freund (und ich habe gute Freunde) mir gewesen ist... Wenn wir uns nie ineinander verliebt hätten, hätten wir dennoch immer zusammensein wollen und einen Skandal hervorgerufen.»

Lewis war verbittert darüber, daß ihm und Joy so wenig gemeinsame Zeit vergönnt gewesen war. «Ist es rational, an einen bösen Gott zu glauben?» schrieb er. «Überhaupt, ist ein Gott so böse? Der kosmische Sadist, der gehässige Dummkopf?» Aus therapeutischer Sicht ist solche Wut ganz gesund – selbst Wut, die sich eine Zeitlang gegen Gott richtet.

Die Zeit ist natürlich eine große Heilerin. Schließlich begann Lewis aus seiner Trauer wieder aufzutauchen und machte sich daran, seine Notizen zu einem seiner kraftvollsten Bücher zu verarbeiten, «Über die Trauer». Während er es schrieb, gelang es ihm auch, den Tod seiner Frau zu verarbeiten. Er war in der Lage, in einer schlechten Situation viel Gutes zu entdecken.

Thomas Edison ist ein weiteres Beispiel für eine robuste Persönlichkeit, die sich dem Unheil nie ergab und immer wußte, wie man eine Widrigkeit in einen Vorteil verwandelt. Im Dezember 1914 wurden die großen Edison-Laboratorien in West Orange, New Jersey, durch Feuer fast gänzlich zerstört. In einer Nacht verlor Edison fast zwei Millionen Dollar an Geräten und die Aufzeichnungen über den größten Teil seines Lebenswerkes.

Edisons Sohn Charles lief hektisch herum und

suchte seinen Vater. Endlich fand er ihn. Er stand in der Nähe des Feuers, das Gesicht gerötet von der Hitze, das weiße Haar vom Winterwind zerzaust. «Sein Anblick brach mir das Herz», sagte Charles Edison. «Er war nicht mehr jung, und alles war zerstört. Er sah mich. ‹Wo ist deine Mutter?› rief er. ‹Such sie. Bring sie her. Sie wird nie wieder etwas Derartiges sehen, solange sie lebt.›»

Am nächsten Morgen, als er durch die verkohlten Überreste so vieler seiner Hoffnungen und Träume ging, sagte der siebenundsechzigjährige Edison: «Im Unheil liegt ein großer Wert. Alle unsere Fehler sind verbrannt. Gott sei Dank, wir können von vorn anfangen.»

Diese Gabe, Stolpersteine in Startblöcke zu verwandeln, kommt einem Menschen bei jeder Aufgabe und in jeder Gruppe zustatten. Auf einem späten Flug am Abend vor Thanksgiving erzählte mir ein gutgelaunter Vertreter, der neben mir saß, er habe den ganzen Tag gebraucht, um aus dem Staat New York herzukommen. Wegen der Verzögerung komme er erst um zwei Uhr nachts nach Hause. Doch war er gereizt und müde wie die meisten anderen Reisenden in der vollbesetzten Maschine? Nein, er scherzte über den Gang hinweg heiter mit zwei kleinen Kindern und verbreitete ringsum gute Laune.

«Was verkaufen Sie?» fragte ich.

«Ölbohrmaschinen.»

«Das ist heutzutage ein hartes Geschäft, nicht?»

«Nein», antwortete er. «Es könnte nicht besser sein. Wir haben dieses Jahr gerade eine Zweigstelle eröffnet, und sie läuft glänzend.»

«Aber gibt es im Ölgeschäft nicht eine schreckliche Rezession?» fragte ich.

«Doch, aber wir haben beschlossen, uns nicht daran zu beteiligen», sagte er mit einem Lächeln. Er erklärte mir den Erfolg seiner Firma. «Der Niedergang der Branche hat sich zu unserem Vorteil ausgewirkt, weil alle unsere Konkurrenten niedergeschlagen sind und klagen, sie müßten die Preise senken und könnten nichts mehr verdienen. Diese negative Einstellung vertreibt die Kunden. Wir dagegen haben unsere Preise nicht gesenkt. Aber wir bieten den besten Service der ganzen Branche, sind begeistert von unseren Produkten und sehr optimistisch. Die Kunden machen gern Geschäfte mit Vertretern, die diese Einstellung haben.»

Er lächelte wieder und sagte: «Wenn die Rezession noch ein Jahr anhält, habe ich genug Geld verdient, um in Pension zu gehen.»

Blauäugigkeit hilft uns nicht weiter

Strategie Nr. 6: Vermeiden Sie aufmunternde leere Phrasen

Erfolgreiche Menschen sagen nicht, etwas sei wundervoll, wenn es in Wirklichkeit alles andere als wundervoll ist. Manche Leute versuchen angesichts von Schwierigkeiten zu lächeln, und erklären, wenn alle Geduld hätten, würde es schon gut werden. Gewöhnlich ist das bei solchen Anlässen aber *nicht* der Fall, denn kleine Probleme haben, wenn man sie ignoriert, die Tendenz, sich zu größeren Problemen auszuwachsen, und es dauert nicht lange, da stecken Sie mitten in einer Krise.

Als Aaron, der Sohn von Rabbi Harold S. Kushner, vier Jahre alt war, sagte man ihm und seiner Frau, der Junge leide an Progerie, vorzeitiger Vergreisung, was bedeutete, daß er nicht viel größer als einen Meter werden, keine Haare an Kopf und Körper haben und wie ein kleiner Mann aussehen würde, obwohl er noch ein Kind war. Zehn Jahre später starb der Sohn. Kushner sagt, er sei zwar schon viele Jahre lang Theologe gewesen, habe aber daraufhin begonnen, persönlich mit der philosophischen Frage zu ringen, warum solche Dinge geschehen; nachdem er das Buch Hiob gelesen hatte, kam er zu der Schlußfolgerung, daß das Leben nicht immer fair ist. Später sagte er mit schlichter Beredsamkeit: «Schmerz dauert nicht ewig, und er ist auch nicht unerträglich.» In solchen Situationen empfiehlt er drei wichtige Dinge:

1. Die Nähe anderer Menschen suchen.
2. Den Schmerz als Teil unseres Lebens akzeptieren.
3. Wissen, daß wir etwas Bleibendes bewirkt haben.

Bei Verkaufskonferenzen hört man oft eine Standardmotivierung, die die Truppe aufmöbeln soll. Sie lautet etwa so: «Du bist in jeder Hinsicht wundervoll, dein Hirn ist ein Kraftwerk, und wenn du stark genug daran glaubst, kannst du alles schaffen.» Wir alle haben solche Sprüche oft gehört, und auch in den neuesten Selbsthilfebüchern redet man uns ein, wir könnten Berge versetzen, wenn wir nur genug Glauben hätten.

Solche Aufmunterungen enthalten genügend Wahrheit, um attraktiv zu sein, doch die Leute, die diese Motivation verbreiten, lassen sich manchmal so davon mitreißen, daß sie absurd werden. So schreibt beispielsweise Napoleon Hill in seinem Buch «Denke nach und werde reich»:

Was immer
der menschliche Geist
denken
und
glauben

kann,
kann er
erreichen.

Das ist Unsinn, und solche Übertreibungen bringen Glauben und Hoffnung in Verruf. Viele unserer Patienten, die in eine geschlossene psychiatrische Anstalt eingewiesen werden müssen, würden diesen Schwachsinn unterschreiben; es ist nämlich oft gerade die Art von Größenwahn, die dazu beigetragen hat, daß sie in Schwierigkeiten geraten sind.

Manchmal merken wir gar nicht, wie verwirrend und herablassend es sein kann, Leuten zu sagen, sie sollten nur den Kopf hoch tragen und die richtige Einstellung haben, dann sei das Leben eine feine Sache. Eine Frau erzählt, sie habe nie einen Menschen so gehaßt wie den Mann, der bei ihrer ersten Kreuzfahrt fast als einziger Passagier nicht seekrank war. «Er war nett», sagte sie, «aber als er auf dem Rand meines Deckstuhls saß und mir erklärte, wie er die Bewegung genösse und daß mir nicht schlecht würde, wenn ich es einfach nicht wollte, da beschloß ich, ich würde alles aushalten können, wenn es nur ihn für den Rest der Reise in seiner Kajüte flachlegen würde.»

Leere Aufmunterung ist gewöhnlich das letzte, was eine Gruppe braucht. Viel besser ist ihr mit einem Anführer gedient, der sagt: «Wir sitzen im Schlamassel, aber wenn wir alle miteinander die Ärmel aufkrempeln, können wir etwas dagegen tun.»

2 Die Suche nach Lösungen

> Es gibt keine hoffnungslosen Situationen
> im Leben; es gibt nur Menschen, die
> darüber hoffnungslos geworden sind.
>
> *Clare Booth Luce*

Wenn wir die Merkmale von Optimisten untersuchen, fällt ein Charakteristikum auf: Optimisten sind Menschen, die handeln. Wenn es Probleme gibt, stehen sie nicht tatenlos dabei und ringen die Hände. Statt dessen treten sie mitten hinein und fangen an, an einem Teil des Problems zu arbeiten, selbst wenn eine vollständige Lösung noch nicht in Sicht ist.

Merkmal Nummer zwei ist also:

Optimisten halten Ausschau nach Teillösungen.

Henry Ford sagte einmal, jede Aufgabe, egal wie groß, sei leicht zu handhaben, wenn man sie nur in genügend kleine Portionen aufteile, und die meisten Optimisten denken wie Henry Ford: Sie zerlegen ihre Arbeit in handhabbare Teile. Sie sagen: «Ich weiß noch nicht, wie wir das Ganze bewältigen sollen, aber da ist zumindest eine Sache, die wir heute tun können.»

Eine alleinerziehende junge Mutter konsultierte mich einmal, weil es ihr seit ihrer Scheidung immer schlechter ging. Sie war eine kleine, zierliche Person, aber sie bewegte sich, als schleppe sie zwanzig Jahre Erschöpfung mit sich herum. Ihr Ex-Mann war mit den Unterhaltszahlungen in Verzug, in ihrem Beruf steckte sie in einer Sackgasse, die Kinder gingen manchmal über ihre Kraft, und ihre Zukunft sah öde aus.

Sie erzählte: «Das einzig Erfreuliche in meinem Leben ist, daß ich in einen Mann in meinem Büro verliebt bin. Er ist verheiratet, und er sagt, er werde seine Frau nie verlassen, aber unser Verhältnis besteht jetzt seit zwei Jahren, und es ist besser als nichts.»

«Vermutlich werden Sie das nicht gern hören», sagte ich am Ende der Stunde zu ihr, «aber Sie sollten diese Beziehung beenden. Sie ist moralisch falsch, und sie ist psychologisch falsch. Es ist selbstzerstörerisch, an dieser Beziehung festzuhalten und allmählich Ihre Seele zu verlieren, obwohl Sie etwas Besseres haben könnten.»

«Sie haben gut reden», erwiderte sie aufgebracht. «Die Chancen einer alleinstehenden Mutter mit zwei Kindern sind nicht gerade rosig. Und was sollte es helfen, wenn ich ihn verlasse? Ich wäre nur noch einsamer.»

Wenn ein Patient eine schwierige Entscheidung treffen muß, führt das nicht immer zu einem wundervollen Leben, aber in diesem Fall hat die Geschichte ein gutes Ende. Sechs Monate lang ging es hin und her, die Beziehung wurde abgebrochen und wiederaufgenommen, aber schließlich erkannte die Frau, daß sie ausgenutzt wurde, und zog einen klaren Trennungsstrich. Um ihre Einsamkeit zu lindern, belegte sie verschiedene Abendkurse. Das wiederum führte zu einem neuen Job, und dort lernte sie den Mann kennen, der jetzt ihr Ehemann ist; kürzlich bekamen die beiden ein eigenes Baby.

«Wenn eine Ehe in die Brüche gegangen ist», sagte sie kürzlich, «und man dann auch noch ein paar destruktive Beziehungen hatte, ist man unendlich dankbar für eine, die funktioniert. Ich kann mir nicht vorstellen, einen besseren Mann oder eine glücklichere Familie zu haben.»

Woher kam nun ihr Glück? Durch eine Reihe von Teillösungen. Sie tat das, was richtig war, obwohl sie den unmittelbaren Nutzen nicht sehen konnte, und dieses Handeln führte zu einer Reihe von Lösungen.

Es ist in diesem Zusammenhang beachtenswert, daß Jesus Menschen, die zu ihm kamen, oft anwies, bestimmte Dinge zu tun. Einen Blinden hieß er, sich zu waschen, einem Verkrüppelten befahl er, die Hand auszustrecken. Einem Gelähmten sagte er: «Steh auf, nimm dein Bett und wandle.» Wenn wir uns aus unserer Lethargie erheben und etwas unternehmen, verstärkt das Handeln unser Selbstvertrauen.

Wie zwei Männer mit Unheil fertig wurden

Die dunkelsten Stunden im Leben des Schriftstellers Thomas Carlyle begannen, als sein Freund eines Morgens in sein Studierzimmer kam und ihm sagte, das Manuskript, das Carlyle ihm zu lesen gegeben hatte, sei am Morgen von der Dienstmagd benutzt worden, um das Feuer anzufachen.

Es war das einzige Exemplar.

Carlyle schwankte zwischen Wut und Kummer und fiel dann in tiefe Verzweiflung. Eines Tages schaute er aus dem Fenster und sah Bauarbeiter, die Ziegel zu einer Mauer aufschichteten. «Da», schrieb er später, «als sie Ziegel auf Ziegel mauerten, kam mir der Gedanke, daß ich noch immer Wort an Wort und Satz an Satz reihen konnte.» Er begann, sein Werk über die Französische Revolution noch einmal zu schreiben. Dieses Buch hat bis heute als Klassiker überdauert und ist ein Beispiel dafür, welche Leistung möglich ist, wenn wir vor einer entmutigenden Reise stehen und einfach einen Fuß vor den anderen setzen. Benjamin Franklin schrieb in seiner Autobiographie: «Menschliches Glück entsteht nicht so sehr durch die großen Glücksfälle, die selten eintreten, sondern vielmehr durch kleine Vorteile, die täglich vorkommen.»

Ich kenne einen Mann, der sagt, im College habe er eine Methode gelernt, Dinge zu bewältigen, die ihm sein Leben lang geholfen habe. Die verarmte Schule hatte keine Mittel für Stipendien, sein Schulgeld war verbraucht, und er war bereit, mitten im Semester seine Bücher zusammenzupacken und auf den heimischen Bauernhof zurückzukehren. Als der Direktor des Colleges erfuhr, daß er abreisen wollte, rief er ihn zu sich. Er hörte sich die Geschichte des Schülers an und sagte dann: «Sohn, ich weiß nicht, wie wir dich hier halten sollen, aber wir wollen nicht, daß du gehst. Überlassen wir also das Unmögliche Gott und kümmern uns um das Mögliche.»

Die finanziellen Probleme wurden schließlich gelöst, und mein Freund sagt, die Lektion, die er an diesem Tag im Büro des Direktors lernte, sei noch wesentlich mehr wert gewesen als das Schulgeld. Heute ist er leitender Angestellter, der für mehr als fünftausend Arbeiter verantwortlich ist. «Dieser einfache Satz, man solle das Unmögliche Gott überlassen und das Mögliche in Angriff nehmen, hat mir in einer Menge sogenannter unlösbarer Situationen geholfen», sagt er.

Eine Methode, die Probleme zu halbieren

Erfolgreiche Menschen wissen, daß der Anfang schon das halbe Tun ist. Der Philosoph Aristoteles soll einmal gesagt haben, der erste Schritt sei der, der zähle; die Anfänge sind am schwersten, und, so klein und unauffällig sie auch sein mögen, sehr einflußreich; wenn sie nämlich einmal gemacht sind, fällt der Rest leichter.

Wie Goethe sagt:

«Was heute nicht geschieht, ist morgen nicht getan,
Und keinen Tag soll man verpassen,
Das Mögliche soll der Entschluß
Beherzt sogleich beim Schopfe fassen...»

In der psychiatrischen Klinik, wo ich arbeite, betrachten wir die Probleme unserer Patienten schon als halb gelöst, bevor wir sie das erste Mal sehen. Der Grund? Gewöhnlich haben sie sich jahrelang mit dem Gedanken getragen, eine Therapie zu machen, und nun, da sie angerufen und einen Termin vereinbart haben, ist es klar, daß sie sich endlich entschlossen haben, mit der Lösung ihrer Probleme zu beginnen. Der Anfang ist die halbe Heilung.

Machen Sie sich frei von Perfektionismus

Optimisten sind fähig, angesichts schwieriger Probleme alle Kräfte zu mobilisieren, weil sie gewöhnlich jede Tendenz zum Perfektionismus überwunden haben. Sie sind zufrieden, wenn sie einstweilen mit einer Teillösung fortfahren können.

Viele depressive Menschen, mit denen ich arbeite, leiden unter dem Bedürfnis, alles genau richtig zu machen, und infolgedessen tun sie sehr wenig. Sie geben zu, daß ihre unerbittlichen Maßstäbe belastend und sogar unvernünftig sind, aber sie meinen, ihr Streben nach Perfektion bringe sie auf ein Niveau von Leistung und Produktivität, das sie anders nicht erreichen könnten.

Tatsächlich kann es aber genau umgekehrt sein. Perfektionisten leisten gewöhnlich weniger, weil die Angst vor Fehlschlägen sie lähmt und sie so viel Zeit vergeuden. Sie sind nicht bereit, irgend etwas Schwieriges in Angriff zu nehmen, ehe sie nicht wissen, wie sie es ohne Mißgeschicke zu Ende bringen können.

Die Suche nach Lösungen

Zwei alte Helden

Das Alte Testament erzählt eine fesselnde Geschichte über die Macht, die Menschen besitzen, die keine Angst haben zu handeln. Als die Kinder Israels dem Gelobten Land nahe waren, schickte Moses zwölf Kundschafter über die Grenze. Nach vierzig Tagen kehrten sie zurück; der Bericht der Mehrheit besagte zweierlei: 1. Das Land ist ein wunderbarer Ort. Es fließt über von Milch und Honig, und wir haben sogar Kostproben von den Früchten mitgebracht, die dort wachsen. 2. Leider können wir das Land niemals übernehmen, denn die Städte sind gut befestigt, und – was das schlimmste ist – es gibt dort Riesen.

Zwei der Kundschafter, Kaleb und Josua, lieferten einen Minderheitsbericht, der sich hoffnungsvoller anhörte. Sie sagten: «Laßt uns sofort gehen und das Land besetzen, denn wir sind durchaus in der Lage, es einzunehmen.» Diese beiden Männer sahen die Situation nicht durch eine rosa Brille; sie räumten ein, daß die Riesen angsterregend und die Städte schwer zu erobern waren. «Der Herr aber ist mit uns; fürchtet euch nicht», sagten sie.

Wie reagierte die Menge? Sie schlug sich auf die Seite der Pessimisten. Sie weinte und klagte und begann Pläne für die Rückkehr nach Ägypten zu schmieden. Man sollte die Macht einiger weniger Hasenfüße und Schwarzseher nicht unterschätzen. Sie können eine Menschenmenge leicht mitreißen. Optimismus und Begeisterung sind ansteckend, aber nicht entfernt so ansteckend wie Pessimismus und Zweifel.

Moses und sein Volk also schmachteten jahrelang in Sichtweite des Gelobten Landes. Die zehn pessimistischen Kundschafter kamen in der Wüste Sinai um, ihre Knochen bleichten auf der Ebene ihrer Zweifel. Und was geschah mit den beiden, die entschlossen waren, gläubig zu handeln? Sie leiteten schließlich die erfolgreiche Eroberung des Gelobten Landes.

Es wäre interessant zu erfahren, ob Kaleb und Josua sich des Erfolges hundertprozentig sicher waren. Ich zweifle daran. Optimisten sind nicht verrückt; sie haben keine Gewißheit, jedes Mal erfolgreich zu sein, wenn sie Aufgaben anpacken, die andere nicht anrühren wollen. Aber sie denken über Alternativen nach, sie interpretieren Gegebenheiten so optimistisch wie möglich, und sie können es nicht *ertragen*, aufzugeben, wenn irgendeine Aussicht auf Erfolg besteht.

Gewöhnlich ist es nur eine kleine Minderheit, die zu glauben wagt, daß das Unmögliche gelöst werden kann, die bereit ist, mit dem Ersteigen des Berges zu beginnen, obwohl sie noch keine Ahnung hat, wie sie den Gipfel erreichen soll. Und gewöhnlich sind es genau die Leute, die schließlich ganz oben ankommen.

Wie man erfolgreich versagt

Optimisten haben eine fast unbekümmerte Einstellung zum Mißerfolg. Eine erfolgreiche Frau, die ich kenne, sprach mit einem ihrer Söhne über Unternehmungsgeist und den Versuch, mehr Dinge zu tun. Sie wollte, daß er sich in der Schule um Ämter bewarb und an mehr Aktivitäten teilnahm. Er antwortete: «Mutter, du verstehst nicht, wie schwer das für mich ist, weil du bei allem, was du tust, Erfolg hast.»

«Ich war erstaunt über diese Bemerkung», sagte sie, «weil ich häufiger scheitere als jeder andere, den ich kenne. Vielleicht mache ich nicht den Eindruck, weil es mich nicht so sehr berührt, wenn mir etwas mißlingt; also nehme ich mehr Dinge in Angriff als andere Leute. Und nach dem Wahrscheinlichkeitsgesetz muß, wenn man vieles unternimmt, auch die Erfolgsquote höher sein.»

Der Rabbi über Baseball

Ein Mann, der Probleme hatte, suchte einen weisen und guten Rabbi auf.

«Rabbi», sagte er und rang die Hände, «ich bin ein Versager. In mehr als der Hälfte der Fälle schaffe ich das, was ich tun muß, nicht.»

«Ach?» sagte der Rabbi.

«Bitte, sagen Sie mir etwas Weises.»

Nach langem Nachdenken sprach der Rabbi: «Also, mein Sohn, ich sage Ihnen folgende Weisheit. Gehen Sie hin und schauen Sie sich die Seite 930 im *New York Times Almanac* von 1970 an. Dann finden Sie vielleicht Ihren Seelenfrieden.»

Und das fand der Mann: die Auflistung des Erfolgsdurchschnitts ihrer Schläge, den die größten Baseballspieler in ihrem Leben erzielt hatten. Ty Cubb, der beste Schläger von allen, hatte einen Durchschnitt von nur 0.367.

Der Mann ging zurück zum Rabbi und sagte: «Ty Cobb – 0.367. Ist das alles?»

«Das ist alles», sagte der Rabbi. «Ty Cobb hatte nur bei jedem dritten Schlag Erfolg. Nicht einmal bei jedem zweiten. Was können *Sie* da schon erwarten?»

«Aha», sagte der Mann, der sich für einen Versager gehalten hatte, weil er nur jedes zweite Mal gescheitert war.

Die Suche nach Lösungen

Der Fall des Mannes, der sich für zu optimistisch hielt

Während eines Vortrags von mir, «Wie man eine optimistische Einstellung mit hartnäckigem Realismus verbindet», fiel mir ein bedrückt aussehender Mann auf, der sich im Hintergrund hielt. Als die anderen gegangen waren, sagte er in ziemlich aufsässigem Ton: «Ich war in fast allem, was Sie heute morgen gesagt haben, anderer Meinung als Sie, Doktor. Mein Problem ist, daß ich zu optimistisch war, und weil ich den Leuten vertraut habe, spielt man mir jetzt ganz übel mit.»

Ich fragte, ob ich ihn zum Mittagessen einladen dürfe.

Er bestellte den ersten von etlichen Drinks und begann mit einem traurigen, wütenden Bericht. Er war in seinem Bezirk ein Spitzenverkäufer gewesen, bis seine Frau ihn vor zwei Jahren verlassen hatte. Seither stritten sie vor Gericht miteinander um den Unterhalt und das Sorgerecht für die Kinder. Inzwischen wollte seine halbwüchsige Tochter nichts mehr mit ihm zu tun haben, und er war so depressiv, daß er kaum noch arbeiten konnte.

«Ich will bloß diese Scheidung hinter mich bringen», sagte er. «Danach ist mir alles egal.»

Ich versuchte, etwas Konstruktives zu finden, worauf man aufbauen könnte, und fragte nach seinen Kunden. «Sie waren ein hervorragender Verkäufer. Sie müssen doch unter Ihren Kunden ein paar gute Freunde haben.»

«Nein, die interessieren sich bloß dafür, was sie aus mir herausholen können, genau wie alle anderen.»

«Und was ist mit Ihrer Firma, Ihrem Chef?»

«Die benehmen sich auch wie die Ratten», sagte er. «Wahrscheinlich werden sie mich entlassen, und um ehrlich zu sein, es ist mir egal, wenn ich gefeuert werde. Meiner Frau geschähe es ganz recht, wenn ich den Unterhalt nicht zahlen könnte.»

Ich begann zu argwöhnen, daß dieser Mann nie sonderlich optimistisch gewesen war. Seine Aussichten waren in der Tat miserabel, aber ich war sicher, daß irgendwo in ihm noch so etwas wie Hoffnung sein mußte.

«Lieben Sie Ihre Frau noch?» fragte ich.

«Ja», antwortete er prompt.

«Sind Sie sicher, daß sie die Scheidung will?»

«Na ja, sie sagt, sie würde zurückkommen, wenn ich das Trinken aufgäbe und eine Therapie machte, aber wahrscheinlich ist das bloß ein Trick, um mich noch mehr zu verletzen. Außerdem glaube ich nicht an Therapie. Ich weiß nicht mal, warum ich jetzt mit Ihnen rede.»

Es war klar, daß seine Situation vielversprechender war, als er zuerst hatte zugeben wollen. Wir redeten den halben Nachmittag lang über die verschiedenen möglichen Alternativen; ich sagte ihm, er stecke nicht so tief in der Klemme, wie er meine, und er könne seine Einstellung mit einfachen, erprobten Techniken ändern. Ich sagte ihm auch, es gebe keine Garantie dafür, daß seine Ehe zu retten sei, aber er könne viele kleine Veränderungen vornehmen. Wenn er genügend kleine Schritte in die richtige Richtung tue, könne die Gesamtwirkung verblüffend sein. Als wir uns trennten, bat er mich um den Namen eines Eheberaters in seiner Stadt.

Wir telefonieren seither gelegentlich, und ich freue mich jedes Jahr auf seine Weihnachtskarte, denn sie enthält immer ein neues Foto von seiner Familie. Nach einigen Fehlstarts kamen er und seine Frau wieder zusammen. Er geht inzwischen regelmäßig zu den Anonymen Alkoholikern, ist in seiner Kirche aktiv, und voriges Jahr war er der höchstbezahlte Vertreter in seiner Firma.

3   Nehmen Sie Ihre Zukunft in die Hand

> Großartiges geleistet haben immer nur
> die, die zu glauben wagten, daß etwas in
> ihnen steckte, das stärker war als die
> Umstände.   *Bruce Barton*

Wenn wir darin übereinstimmen, daß Optimisten Menschen sind, die handeln, dann ist es nützlich, einmal genauer zu betrachten, woher sie ihren Mumm nehmen. Warum unternehmen manche Menschen etwas, während andere nur dasitzen und die Hände ringen? Was motiviert einige, ein Problem in Angriff zu nehmen, auch wenn sie die Lösung noch nicht erkennen können?

Das ist Merkmal Nummer drei:

Optimisten glauben, daß sie ihre Zukunft selbst mitgestalten können.

Die Frage der Kontrolle erweist sich als ziemlich komplex. Viele Menschen, die eine psychiatrische Klinik wie unsere aufsuchen, bekommen nur deshalb nicht das, was sie wollen, weil sie sich treiben lassen und keine klaren Ziele haben. Oder sie haben Ziele, aber keine disziplinierten Pläne, wie sie sie erreichen wollen. Zuerst dachte ich, diese Patienten seien faul, und versuchte daher die verschiedensten Motivationstechniken, um sie zum Handeln zu bringen. Doch bald entdeckte ich, daß meine kleinen Predigten keinen Erfolg hatten. Die Leute bekamen glasige Augen, wenn ich redete. Und je eloquenter ich mich über ihre unendlichen Möglichkeiten und den Wert von Ausdauer ausließ, desto uninteressierter wurden sie.

Wenn ich heute zurückschaue, weiß ich nicht mehr, weshalb ich so lange brauchte, um zu entdecken, daß diese Patienten einige ausgeprägte Überzeugungen hatten, wie das Leben funktioniert; solange ich ihnen nicht helfen konnte, ihr Glaubenssystem zu ändern, waren sie mit keiner Motivationstechnik zu erreichen. Diese Patienten waren nicht faul. Sie waren pessimistisch und passiv, *weil sie glaubten, sie hätten nicht die Macht, ihre Welt zu kontrollieren.*

Bei dem Versuch, die Wurzeln dieser Resignation zu verstehen, las ich wieder einmal einige berühmte Untersuchungen des Psychologen Martin E. P. Seligman zu dem, was er als erlernte Hilflosigkeit bezeichnet. Seine Studien ergaben, daß depressive Menschen gewöhnlich Erfahrungen gemacht haben, die sie zu der Schlußfolgerung brachten, daß ihnen bei allen Bemühungen immer Kräfte entgegenstehen, die stärker sind als sie. Infolgedessen werden sie hilflos und depressiv.

Betrachten wir eine Patientin, mit der ich mehr als zwei Jahre gearbeitet habe. Als sie neun Jahre alt war, kam ihre Mutter bei einem Autounfall ums Leben. Es ist nicht schwer zu begreifen, wieso sie mit einer harten Schale um sich herum aufwuchs. Sie hatte nicht nur Angst, jeden Augenblick könne weiteres Unheil über sie hereinbrechen, sondern glaubte auch, alles, was ihr zustieß, sei im Grunde ihrer Kontrolle entzogen. Der Unfall ihrer Mutter mag ein unglücklicher Zufall gewesen sein, aber ein derartiges Ereignis kann die Weltanschauung entscheidend prägen.

Die hartnäckigen Optimisten, von denen wir sprechen, sind dagegen – vielleicht auch aufgrund eines Zufalls – überzeugt, sie hätten die Kontrolle über ihre Lebensumstände weitgehend selbst in der Hand. Diese Zuversicht, daß sie selbst am Steuer sitzen, hilft ihnen, auch dann noch weiterzumachen, wenn andere längst aufgegeben haben.

Trotz seiner Lähmung durch eine Polio-Erkrankung besaß der amerikanische Präsident Franklin D. Roosevelt große physische Ausdauer. Als er nach einer anstrengenden Rundreise in die Hauptstadt zurückkehrte und frisch und ausgeruht wirkte, wurde er gefragt, wie er so viel leisten könne, ohne zu ermüden. Roosevelt antwortete: «Sie haben einen Mann vor sich, der zwei Jahre lang versucht hat zu lernen, mit der großen Zehe zu wackeln.»

Hoffnungsgeber

Der Psychiater Dr. Jerome D. Frank von der John-Hopkins-Universität pflegte zu sagen, Psychotherapeuten sollten vor allem «Hoffnungsgeber» sein. Ein großer Teil unserer Arbeit besteht darin, Menschen klarzumachen, daß ihre Handlungen in den meisten Situationen den Ausgang der Sache beeinflussen können und daß es sehr wohl einen Unterschied macht, was sie tun.

Ein Experiment im Krankenhaus von Alabama verdeutlicht diesen Punkt. E. S. Taulbee und H. W. Wright haben ein «Antidepressionszimmer» eingerichtet, in das sie depressive Patienten setzen, um sie dann vorsätzlich zu reizen. So wird den Leuten beispielsweise gesagt, sie sollten einen Holzbalken schmirgeln, und dann werden sie getadelt, weil sie gegen die Maserung schmirgeln. Schmirgeln sie aber mit der Maserung, wird ihnen das vorgeworfen. Diese unfaire Behandlung wird fortgesetzt, bis die Patienten wütend werden. Wenn sie dann in die Luft gehen, werden sie gleich unter vielen Entschuldigungen aus dem Raum geführt. Überraschend oft beginnt die Depression der Patienten nach dieser kleinen Übung aufzubrechen. Wenn sie entdecken, daß sie einen Einfluß auf das haben, was mit ihnen passiert, und sei es nur, daß sie es schaffen, sich eines lästigen Therapeuten zu erwehren, verringert sich die Depression.

Die Macht kleiner Erfolge

Der jungianische Analytiker John Sanford berichtet von einem depressiven Berufsmusiker, dem weder Psychotherapie noch Gebet halfen. Eines Tages hatte der Wagen dieses Mannes auf der Autobahn eine Reifenpanne. Zuerst stand er da und starrte das Rad an. Ihm wurde klar, daß er seit Jahren keinen Reifen mehr gewechselt hatte. Obwohl er nicht wußte, wie er den Wagenheber und die Werkzeuge benutzen mußte, die sich in seinem Auto befanden, machte er sich an die Arbeit. Nach einer Stunde schweißtreibender Bemühungen hatte er es schließlich geschafft, den Ersatzreifen zu montieren. Als er sich wieder ins Auto setzte, merkte er, daß er nicht mehr deprimiert war!

Was da passierte, ist gar nicht so kompliziert. Der Musiker war mit einem weiteren entnervenden Problem konfrontiert. Diesmal aber hob er nicht hilflos die Hände und wartete auf einen Mechaniker, sondern unternahm selbst etwas und löste das Problem eigenhändig. Dieser kleine Erfolg zeigte ihm einen Weg, seine größeren Probleme anzugehen. Er besaß eindeutig mehr Kontrolle über sein Schicksal, als er angenommen hatte.

Wie eine Mutter ihren Sohn inspirierte

General Electric ist der zehntgrößte Industriekonzern der Welt. Sein Chef Jack Welch leitet die Firma auf der Grundlage einiger harter, aber einfacher Regeln, nämlich:

– «Stelle dich der Realität so, wie sie ist, nicht so, wie sie war oder wie du sie gern hättest.»

– «Verändere dich, bevor du dazu gezwungen wirst.»

– «Kontrolliere dein eigenes Schicksal, sonst tut es jemand anderer.»

Der letzte Satz ist besonders wichtig. Woher nimmt ein so erfolgreicher Mensch wie Jack Welch die Überzeugung, daß er sein Schicksal kontrollieren kann? «Ich war noch ein Kind», sagt er. «Meine Eltern waren um die Vierzig, als sie mich bekamen; sie hatten sich sechzehn Jahre lang darum bemüht. Mein Vater war Lokomotivführer, ein braver Mann, fleißig, passiv. Er ging um fünf Uhr früh zur Arbeit und kam abends um halb acht nach Hause. Meine Mutter und ich fuhren immer zum Bahnhof, um ihn abzuholen. Oft hatte der Zug Verspätung, und wir saßen stundenlang im Auto und redeten. Wir standen uns sehr nahe ... Sie war immer überzeugt, ich könne alles schaffen. Es war meine Mutter, die mich erzog und mir die Tatsachen des Lebens beibrachte. Sie wollte, daß ich unabhängig würde. Kontrolliere dein eigenes Schicksal – das war immer ihre Maxime.»

Mutige und entschlossene Führerfiguren wie Welch gehen immer davon aus, daß sie die Macht über ihre Zukunft haben. Dagegen gibt es andere Menschen, die ihre Probleme immer den Umständen zuschreiben. «Keiner kann Erfolg haben bei so einem Chef» (oder «... bei so einem Ehemann», «... bei solchen finanziellen Problemen» – es gibt zahllose Variationen). Tatsächlich sagen sie damit, das Universum habe sich gegen sie verschworen und sie hätten nicht die Macht, ihre Welt zu verändern. Wenn man glaubt, man sei machtlos, dann wird man es auch.

Psychologische Widerstandsfähigkeit

Als Thomas Edison sieben Jahre alt war, gab ihn ein Lehrer als hoffnungslosen Fall auf. In Anwesenheit des Jungen sagte der Lehrer einem Schulinspektor, Edison sei «nicht ganz richtig im Kopf» und es habe keinen Zweck, daß er weiter die Schule besuche. Es ist bemerkenswert, wie oft große Männer und Frauen so falsch beurteilt werden, ehe sie berühmt werden. Ich sah einmal am Anschlagbrett eines Colleges eine Aufzählung von Äußerungen, die Lehrer über ihre jungen Zöglinge getan hatten und die alles andere als zutreffend waren:

Abraham Lincoln – «Wenn man bedenkt, daß Abe erst seit vier Monaten zur Schule geht, ist er sehr gut vorangekommen, aber er ist ein Tagträumer und stellt dumme Fragen.»

Woodrow Wilson – «Woodrow ist in seiner Klasse ein Einzelfall. Er ist zehn Jahre alt und fängt gerade erst an, zu lesen und zu schreiben. Er zeigt Anzeichen von Besserung, aber man darf nicht zu viel von ihm erwarten.»

Albert Einstein – «Albert ist ein sehr schlechter Schüler. Er ist geistig langsam, ungesellig und immer in Tagträume versunken. Er behindert den Rest der Klasse. Es wäre für alle am besten, wenn er sofort aus der Schule entfernt würde.»

Amelia Earhardt, die Flugpionierin – «Ich mache mir große Sorgen um Amelia. Sie ist intelligent und voller Neugier, aber ihr Interesse an Käfern und anderen Krabbeltieren und ihre halsbrecherischen Projekte sind einfach unpassend für eine junge Dame. Vielleicht könnten wir ihre Neugier auf ein sichereres Hobby lenken.»

Carusos Lehrer sagte ihm, er habe keine Stimme, und Admiral Byrd wurde als «zum Dienst ungeeignet» aus der Navy entlassen.

Diese Biographien weisen alle einen interessanten Aspekt auf: Jeder dieser Personen wurde offenbar früh im Leben klar, daß nicht Autoritätsfiguren ihr Schicksal bestimmten, sondern sie selbst. Sie entdeckten, daß sie, wenn sie sich Mühe gaben, ungünstige Umstände überwinden und beweisen konnten, daß die negativen Vorhersagen falsch waren. Diese Einstellung psychologischer Widerstandsfähigkeit wurde ihre Methode, mit allen zukünftigen Herausforderungen umzugehen.

Die Tugend der Leidenschaft

Was ist die Quelle dieses extremen Selbstvertrauens, das man bei fast allen Optimisten findet, dieser Überzeugung, sie könnten Großes leisten? Haben sie eine übertriebene Vorstellung von ihren Fähigkeiten? Gewöhnlich nicht. Viele Optimisten, die ich kenne, geben bereitwillig zu, daß andere begabter sind als sie. Und doch sind sie zuversichtlich und glauben, sie könnten fast alles erreichen und bekommen, was sie haben wollen. Die unbestimmbare Qualität, die viele erfolgreiche Menschen von begabten Menschen unterscheidet, die trotzdem scheitern, ist die schiere Kraft ihres Willens. Sie haben stärkere Leidenschaften und größere Begehren als der Durchschnitt.

Ein junger Mann, der Jura studieren wollte, schrieb einmal an Lincoln und bat um Rat. Lincoln antwortete: «Wenn Sie fest entschlossen sind, einen Rechtsanwalt aus sich zu machen, dann ist die Sache schon mehr als zur Hälfte geschafft. Denken Sie immer daran, daß Ihre Entschlossenheit, erfolgreich zu sein, wichtiger ist als alles andere.»

Tommy Lasorda, Manager der Los Angeles Dodgers, sagt seiner Mannschaft gern: «Rennen werden nicht von den schnellsten Athleten gewonnen. Kämpfe werden nicht von den stärksten Männern gewonnen. Rennen und Kämpfe werden von denen gewonnen, die mehr als alle anderen gewinnen wollen.» Natürlich sind Wunsch und Willenskraft nicht die einzigen Bestandteile von Leistung. Es gibt auch so etwas wie Begabung. Die Willenskraft ist vielleicht nicht wichtiger als die Begabung, aber sie bleibt der Faktor, der die Menschen dazu bringt, ungewöhnliche Dinge zu leisten.

Wenn wir Merkmal Nummer drei zusammenfassen, dann sind Optimisten Leute, die handeln, weil sie glauben, daß sie im wesentlichen die Kontrolle über die eigene Zukunft haben.

Wahrscheinlich haben sie auch den glühenden Wunsch, erfolgreich zu sein, und wissen, daß diese Leidenschaft sie weit bringen kann, während andere Leute – die manchmal sogar begabter sind – unterwegs scheitern.

4 Wie Sie Ihre Energie steigern

> Es sind nicht die Inkompetenten, die eine Organisation zerstören ... Es sind diejenigen, die etwas erreicht haben und sich auf dem Erreichten ausruhen wollen.
> *Charles Sorenson*

Als ich ihn zuletzt sah, hatte er mindestens vierzig Pfund Übergewicht, trank und rauchte zu viel, und seine Frau hatte ihn schließlich angewidert verlassen. Obwohl er ein bei vielen von uns beliebter Professor war, hatte er jedes Verantwortungsgefühl verloren – er kam immer zu spät in die Vorlesungen, und manchmal erschien er überhaupt nicht. Schließlich wurde er entlassen, anscheinend auf dem Weg in den Abgrund.

Als wir uns in einer anderen Stadt sechs Jahre später zufällig über den Weg liefen, war er ein anderer Mensch. Er hatte abgenommen, war erneut verheiratet und hatte eine neue Stellung. Er nahm an einem Zwölf-Stufen-Programm teil und hatte soeben ein Buch veröffentlicht, das ausgezeichnete Besprechungen bekam.

Wie ist eine solche Verwandlung zu erklären?

In uns scheint es so etwas wie einen Instinkt zur Selbstheilung, zur Wiederherstellung und Erneuerung zu geben. Manche Menschen machen davon allerdings im Unterschied zu meinem eben geschilderten Bekannten keinen Gebrauch, wenn es mit ihnen abwärtsgeht. Doch die Fähigkeit zum Neuanfang liegt in uns, sie kann Menschen, die die Motivation verloren haben, wieder Hoffnung geben.

Merkmal Nummer vier ist:

Optimisten lassen regelmäßige Erneuerung zu.

In der Physik besagt das Gesetz der Entropie, daß alle Systeme zerfallen, um die sich niemand kümmert. Wenn keine neue Energie zugeführt wird, löst sich der Organismus auf. Die Entropie läßt sich auch auf Bereiche übertragen, die nichts mit Physik zu tun haben. Ich sehe das beispielsweise, wenn ich mit Paaren arbeite, deren Ehe in Schwierigkeiten ist. Eine Ehe bleibt nicht einfach deshalb gut, weil zwei Menschen sich lieben, zueinander passen und einen guten gemeinsamen Start haben. Ganz im Gegenteil, eine Ehe, die sich selbst überlassen wird, erschöpft sich, zerbricht und geht schließlich auseinander. Das ist das Gesetz der Entropie. Um also unsere Beziehungen in Gang zu halten, müssen wir sie ständig mit neuer Energie versorgen.

Wie Sie Ihre Energie steigern

Die Entropie ist auch in Individuen am Werk. Ich sehe viele Patienten, die anscheinend ein gutes Leben haben, aber dann passiert etwas. Sie stellen fest, daß sie das Interesse an Sex verloren haben, daß ihre Arbeit sie langweilt, daß sie entmutigt in die Zukunft blicken. Sie kommen in die Therapie und fragen, was mit ihnen nicht stimmt. Oft besteht das Problem darin, daß sie einfach nicht genug getan haben, um sich selbst innerlich zu nähren. Sie haben angenommen, ihr innerer Motor werde ohne Pflege und Wartung unentwegt weiterlaufen. Doch so funktioniert keine Maschine. Albert Schweitzer schrieb einmal, manche Menschen schädigten ihre Seele, ohne großen Versuchungen ausgesetzt zu sein. Sie ließen ihre Seele einfach verdorren, indem sie sich von den Freuden und Sorgen und Zerstreuungen des Lebens einlullen ließen, ohne zu merken, daß Gedanken, die ihnen in der Jugend viel bedeutet hatten, nur noch leere Töne seien.

Menschen, die sich über Jahre hinweg ihren Optimismus und ihre Begeisterung erhalten, sind diejenigen, die bewußt oder unbewußt der persönlichen Entropie entgegenwirken und dafür sorgen, daß das System sie nicht im Stich läßt.

Hier ein paar Vorschläge, wie Sie Ihre inneren Energiequellen anzapfen und sich Ihren Enthusiasmus Jahr um Jahr bewahren können.

Strategie Nr. 1: Halten Sie sich an hoffnungsfrohe Menschen

Optimisten verwenden nicht viel Zeit darauf, sich mit negativen Leuten zu verbrüdern. Sie wissen, daß sie sich mit begeisterungsfähigen Menschen zusammentun müssen, damit ihre Batterien sich nicht erschöpfen. Das soll nicht heißen, Sie sollten alle Ihre unglücklichen Freunde fallenlassen und sich nur mit erfolgreichen Menschen abgeben. Dr. Sam Shoemaker pflegte zu sagen, man solle sich immer zwei oder drei Neurotiker wie eine Aufgabe vornehmen – also Menschen, bei denen man stets damit rechnet, daß man mehr geben muß, als man bekommt. Er riet allerdings, sich nicht zu viele derartige Personen aufzubürden, da sie einen niederdrücken können.

Es liegt weitgehend in unserem Ermessen, mit wem wir uns verbünden. Wir wissen, daß bestimmte Freunde und Verwandte uns aufrichten und uns unsere Kraft spüren lassen, während andere uns melancholisch machen und zu negativem Denken verleiten. Optimistische Menschen verbringen, wenn sie die Wahl haben, ihre Zeit mit denen, die sie anregen. Sie profitieren von der Elektrizität, die erzeugt werden kann, wenn zwei oder drei hoffnungsfrohe Menschen zusammen sind.

Strategie Nr. 2: Verändern Sie Ihre intellektuellen Gewohnheiten

Ich kenne einen Geschäftsmann, der beschloß, Homers große epische Dichtung, die «Ilias», kennenzulernen. Er sagt, er habe sie in den vergangenen zwei Jahren sechsmal gelesen. «Obwohl ich das Werk bestimmt noch nicht voll ausgeschöpft habe», sagt er, «begreife ich allmählich, warum es so ein Klassiker ist. Es ist jetzt ein Teil von mir, und ich glaube, es hat mir gutgetan.» Einmal etwas ganz anderes zu lesen, kann sehr stimulierend sein. Vielleicht sollten Sie Ihre Zeitschriftenabonnements wechseln und sich aus neuen Quellen frische Anregungen holen.

Ein Ehepaar, das fand, die Abende würden langweilig, kam überein, den Fernseher täglich für eine Stunde abzuschalten und die Zeit damit zu verbringen, laut zu lesen. Die Ehefrau sagte: «Keine Zeitschriften, keine Kitschromane und keine Bücher, die mit seinem oder meinem Beruf zu tun haben. Wir lasen ein bißchen Philosophie und Theologie und haben uns wirklich in Churchills Geschichte des Zweiten Weltkriegs vertieft. Ich bezweifle, daß ich diese Dinge in meinem Beruf je nutzen kann. Aber wir haben festgestellt, daß unsere Konzentrationsfähigkeit sich verbesserte, nachdem wir das ein paar Wochen gemacht hatten, und jetzt stehen auf unserer Liste Dutzende von Büchern, die wir uns vornehmen wollen. An vielen Abenden schalten wir den dummen Fernseher überhaupt nicht ein.»

Gelegentlich halte ich Seminare für IBM ab. Die Firma verlangt von ihren leitenden Angestellten und ihrem Verkaufspersonal, daß sie mindestens vierzig Stunden im Jahr auf Firmenkosten für ihre Weiterbildung aufwenden. Für einen Konzern von der Größe IBMs ist das eine enorme Investition, aber es ist eine Investition, die sich auszahlt, denn Wissen ist Macht. Disraeli sagte einmal, bei sonst vollkommen gleichen Umständen würde die Person erfolgreich sein, die den größten Wissensstand hat. Denken wir einmal an die Menschen, die wir gekannt haben. Wirkten nicht die am glücklichsten und lebendigsten, die ihre Interessen und ihr Wissen ständig ausweiteten und lernbegierig blieben? Bildung ist eine Sache fürs ganze Leben.

Strategie Nr. 3: Nähren Sie Ihre spirituelle Seite mit Sorgfalt

Auf unserer Universität lachten die Studenten manchmal über Emile Caillet, einen französischen Mystiker und Philosophieprofessor. Er war exzentrisch genug, um Gelächter auszulösen, das stimmt schon. Er schien nur einen – schwarzen – Anzug zu besitzen. Seine Hemdkragen saßen immer schief. Er starrte während seiner Vorlesung aus dem Fenster. Aber ich empfand ihn als den anregendsten Lehrer der ganzen Universität. Er konnte die Namen seiner Studenten nicht behalten, aber er konnte einem immer sagen, auf welcher Seite welches Buches ein Zitat zu finden war, und seine Vorlesungen waren pures Gold.

Der Begriff *ausgebrannt* war damals noch nicht so verbreitet wie heute, aber das Phänomen selbst gab es natürlich häufig. Wie Caillet uns sagte, entsteht dieser Zustand nicht durch äußeren Druck, sondern durch inneren Verfall. Er bezeichnete das als «Auslaufen der spirituellen Kraft». Dieser Ausdruck ist treffend. Wir alle kennen Menschen, die ihre Laufbahn mit hohen Idealen, Eifer und Begeisterung begonnen haben, deren innerer Schwung aber nach und nach erlahmte – ein entropisches Auslaufen der spirituellen Kraft.

Diejenigen, die auf lange Sicht energiegeladen und begeistert bleiben, tendieren zu starken religiösen Überzeugungen. Nicht alle gehen zur Kirche, aber mir ist aufgefallen, daß unter den Tatkräftigen, Tüchtigen, Hoffnungsfrohen dieser Welt wenige Atheisten sind. Wenn Sie also feststellen, daß Ihre Energie verpufft ist und Sie etwas von Ihrer Zukunftsfreude verloren haben, kann es sein, daß Sie spirituell eine neue Verpflichtung brauchen, daß Sie sich Zeit nehmen müssen, um über Ihren Glauben nachzudenken, zu lesen und vor allem zu beten.

In seinem schonungslos aufrichtigen Tagebuch «Gebete aus der Stille» berichtet Henri J. Nouwen von seinem Jahr in Trosly in Frankreich. Er arbeitete für L'Arche, eine Gemeinschaft, die sich Erwachsener mit schweren geistigen Behinderungen annimmt. Sie wurde nach Noahs Arche benannt, weil sie ein Ort sein sollte, an dem verletzliche Männer und Frauen, die die kritische und gewalttätige Außenwelt bedrohlich fanden, in Sicherheit und Geborgenheit leben konnten. Nouwen beschreibt den anstrengenden Dienst der Helfer, die die Bewohner versorgen, und man wundert sich über deren Fähigkeit, selbst gesund zu bleiben. Viele der Behinderten können nicht gehen, nicht allein essen oder nicht einmal sprechen, und die Helfer sind Tag und Nacht damit beschäftigt, für sie zu kochen, sie zu füttern, zu waschen und festzuhalten, wenn sie Anfälle haben. Die Helfer leben in Armut und können dem täglichen Leid ihrer Schutzbefohlenen nicht entgehen. Wie halten solche Menschen das Jahr um Jahr durch? Nouwen gibt dazu folgenden vielsagenden Kommentar: «In l'Arche zu sein, bedeutet viele Dinge; eines davon ist ein Streben nach größerer Reinheit des Herzens.» Dann schildert er, wie wichtig der Gebetsraum für die Gemeinschaft ist. Es handelt sich um einen großen Raum mit kleinen Kniebänken und Matten. Immer ist er schön mit frischen Blumen geschmückt, und auf beiden Seiten kommen und gehen den ganzen Tag lang Menschen, um im Gebet niederzuknien, zu sitzen oder zu liegen. (Die Behinderten kommen genauso oft wie die Helfer.)

Seit Jahrtausenden haben Männer und Frauen auf diese Weise neue Kraft geschöpft, und wir können von ihnen etwas lernen, das uns auch in unseren modernen Haushalten und Berufen hilft.

Strategie Nr. 4: Sprechen Sie mit einem kleinen Kind

Wordsworth sagte einmal, Kinder kämen mit Glorienwolken auf diese Welt. Es ist tatsächlich unmöglich, lange depressiv zu bleiben, wenn kleine Kinder im Raum sind.

Nach der Beerdigung eines Freundes wurden wir von der Familie zum Mittagessen nach Hause eingeladen. Ich hatte ein ungutes Gefühl, denn wir standen alle noch unter Schock (er war mit sechsundfünfzig an einem Herzinfarkt gestorben), und ich machte mir Sorgen, ob ich etwas Hilfreiches würde sagen können. Doch als wir zur Tür hereinkamen, machte ich mir keine Sorgen mehr, denn wir hörten das Lachen kleiner Kinder. Die Witwe weinte noch immer ein wenig, aber sie hielt einen ihrer Enkel auf dem Arm, als sie die Gäste begrüßte, und er bewirkte, daß sie unter Tränen lachen mußte. Alle Anwesenden schienen intuitiv die Lektion aus dieser Szene zu begreifen: daß die Erde sich weiterhin selbst erneuert, daß dem Tod immer die Geburt entgegenwirkt, daß wir weitermachen müssen, wenn neues, junges Leben genährt werden muß. Jesus hatte anscheinend eine besondere Wertschätzung für das, was Kinder uns zu geben haben. In seiner Lehre machte er immer wieder klar, daß wir Kinder annehmen und wie sie werden müssen, wenn wir Gott kennenlernen wollen.

Es ist ein Unding unserer Kultur, daß es Rentnergemeinden gibt, in denen tatsächlich keine Familien mit Kindern wohnen dürfen. Jeder muß die Möglichkeit haben, aus dem Fenster zu schauen und ein paar Jungen und Mädchen auf dem Gehsteig spielen zu sehen – ganz besonders ältere Menschen. Und jeder Erwachsene braucht es, sich so oft wie möglich auf den Boden zu setzen und Auge in Auge mit einem Kind zu sprechen. Kinder sind lebende Speicher von Energie, Begeisterung und Liebe, und diese Einstellungen gehen auf uns über, wenn wir uns mit Kindern beschäftigen.

Der vietnamesische Mönch Thich Nhat Hanh

erzählt, wie er mit einer Gruppe von Kindern zusammensaß. Ein Junge namens Tim hatte ein wunderschönes Lächeln.

«Ich sagte: ‹Tim, du hast ein sehr schönes Lächeln.›

Und er sagte: ‹Danke.›

Ich sagte zu ihm: ‹Du brauchst mir nicht zu danken; ich muß dir danken. Durch dein Lächeln machst du mein Leben schöner. Statt danke solltest du sagen: bitte.›»

Eine solche Offenheit für das, was Kinder besitzen, führt immer zu einer Erneuerung des Geistes. Hanh schreibt mit schlichter Tiefe: «Kinder begreifen sehr gut, daß es in jeder Frau, in jedem Mann eine Fähigkeit gibt, aufzuwachen, zu verstehen, zu lieben. Viele Kinder haben mir gesagt, daß sie mir niemanden zeigen können, der diese Fähigkeit nicht hat. Manche Leute lassen deren Entwicklung zu, andere tun das nicht, aber jeder hat sie.»

Strategie Nr. 5: Nutzen Sie die alte Idee des Sabbats

Es war kein Zufall, daß in Israel der siebente Tag dem Gottesdienst und der Ruhe vorbehalten war. Wir brauchen solche Öffnungen, um Abwechslung in unseren Lebensrhythmus zu bringen.

Wie Sie Ihre Energie steigern

Tilden Edwards sagt, die Frage sei nicht, ob wir zwischen Handeln und Ruhe wechseln, sondern wie wir das tun. Er spricht sich überzeugend für Perioden aus, in denen wir empfänglich für das werden, was er als «begnadete Qualität allen Lebens» bezeichnet:

«Meine Familie versucht, einer bestimmten Zeitspanne eine Sabbatqualität zu geben; in ihrem vollsten Umfang beginnt sie mit dem Abendessen am Samstag und dauert bis zum Sonnenuntergang am Sonntag. Wir haben Anfangs- und Schlußrituale entwickelt, die vom jüdischen Sabbat beeinflußt sind und diese Zeit als ‹anders› kennzeichnen. Wir versuchen, Arbeit und Sorgen während dieser Zeit auf ein Minimum zu beschränken und dafür die Wertschätzung des Lebens, wie es in Gott ist, zu maximieren. Dies wird durch besonders gute Mahlzeiten, Kerzen, Spiel, Musik, Schrift, Gottesdienst, stille Stunden, hoffnungsvolle Geschichten und alles andere gepflegt, das geeignet scheint, uns in dieser Zeit besonders empfänglich für die Gnade des Lebens zu machen.»

Eine andere Familie, die ich kenne, geht sonntags morgens nicht nur gemeinsam zur Kirche, sondern macht auch den Sonntagabend zu einem Ritual. Die erwachsenen Kinder und ihre Familien, auch die Enkel mit ihren jeweiligen Freunden und Freundinnen, kommen an diesem Abend zu einem

Spaghettiessen in ihr Elternhaus. Wenn jemand während der Woche Geburtstag hatte, ist das Anlaß zu einem großen Fest. Wenn zwei Geburtstage in die gleiche Woche fallen, werden sie nie am gleichen Sonntag gefeiert. «Jeder sollte seinen eigenen besonderen Tag haben», sagt die Matriarchin der Gruppe. Solche Rituale sind der Mörtel, der dazu beiträgt, die Familie zusammenzuhalten, wenn Krisen auftreten.

Eine Art Sabbaturlaub ist manchmal auch zur geschäftlichen Erneuerung nötig. John Sculley ist ein bemerkenswert erfolgreicher Geschäftsmann. Nachdem er Leiter von Apple Computers geworden war, vervierfachten sich die Einnahmen auf über vier Milliarden Dollar, und die Dividenden der Anteilseigner wurden die höchsten in der Computerindustrie. Wie bleibt ein solcher Mann frisch? In einem Jahr nahm Sculley sich neun Wochen frei. Er bezeichnete das nicht als Ferien, sondern als Sabbaturlaub. Er und seine Frau reisten nach Maine, wo er eine Scheune entwarf und einen Fotokurs besuchte. Als er die Arbeit wieder aufnahm, war er voller neuer Ideen und sehr viel besser in der Lage, Menschen zu führen.

Vor einiger Zeit stellte ich fest, daß ich zu viele Artikel schrieb, zu viele Vorträge hielt, zu viele Patienten betreute und nichts davon wirklich gut machte. So ging ich ziemlich überstürzt in Urlaub.

Ich sah keine Patienten mehr und machte keine Termine mehr ab. Statt dessen unternahm ich Spaziergänge, verlegte Ziegel, pflanzte Bäume, wechselte zum ersten Mal seit Jahren selbst das Öl in unseren Familienautos und verbrachte mehr Zeit mit meinem Enkel. Ich überdachte einige Mottos neu, nach denen ich immer gelebt hatte, etwa: «Wir alle erbringen unter Druck bessere Leistungen.» Wenn dieses Motto je gestimmt hatte (und da bin ich nicht sicher), hielt es jedenfalls in diesem Stadium meines Lebens der Überprüfung nicht mehr stand.

Ich las die Psalmen, lernte ein paar Gedichte auswendig, schrieb viel in mein Tagebuch, meisterte ein neues Computerprogramm, hielt jeden Tag einen Mittagsschlaf, aß frische Kost und wanderte in den Sierras.

Das Ergebnis? Nach wenigen Monaten war mein Cholesterinspiegel auf hundert Punkte gesunken und mein Blutdruck um dreißig Punkte. Zum ersten Mal seit Jahren fühlte ich mich körperlich gut. Die Familie schien enger zusammengerückt. Als ich wieder in die Kirche ging, hörte ich Dinge, die ich seit Jahren nicht mehr gehört hatte. Und als ich wieder anfing, Patienten zu sehen, hatte ich einen neuen, frischen Blick.

Natürlich mag es für einen Psychotherapeuten wie mich einfacher sein als für einen Firmenchef wie John Sculley, sich von der Arbeit freizumachen, aber vielleicht haben Sie mehr Möglichkeiten, als Sie denken. Die meisten von uns sind nicht annähernd so in Verantwortlichkeiten eingebunden, wie es den Anschein hat. So können Sie zum Beispiel einen kurzen Sabbaturlaub nehmen – zwei oder drei Tage, in denen Sie Ihre Routine völlig verändern. Vielleicht können Sie Ihren Job nicht kontrollieren, aber Sie können andere Dinge in Ihrem Leben radikal verändern, um Erneuerung zuzulassen. Ich wohne nur knapp fünf Kilometer von meinem Büro entfernt und empfand es als überraschend stimulierend, den Weg zu Fuß zurückzulegen. Und bei einem ganztägigen Samstagsspaziergang durch die City von Los Angeles schlenderte ich durch die mexikanischen Barrios und hielt mich absichtlich von den großen Durchgangsstraßen fern. Die Häuser dieser netten Leute, ihre lachenden Kinder und das eng verbundene Familienleben, das man am Samstag nachmittag beobachten kann, stehen mir noch immer vor Augen.

Dies bringt uns zu unserem nächsten Vorschlag:

Strategie Nr. 6: Lernen Sie neue Menschen kennen

Schließen Sie neue Bekanntschaften, die sich so stark als möglich von Ihrem üblichen Umgang unterscheiden. Sprechen Sie mit allen Leuten und finden Sie jemand neuen, den Sie lieben können. Ich will damit nicht sagen, Sie sollten ein Verhältnis eingehen oder Partnertausch betreiben, sondern daß Sie einen Nachbar oder einen Kollegen finden sollen, zu dem Sie eine gute Beziehung herstellen können und der vielleicht auch von einer neuen Freundschaft profitiert. Wenn es sich um jemanden handelt, der viel jünger oder viel älter ist als sie, ist das noch besser.

Vielleicht wachen Sie auf, wenn Sie jemanden aus einer anderen Kultur kennenlernen. Vor gar nicht langer Zeit kam ein Junge in das Leben unserer Familie, der uns auf geradezu wunderbare Weise verjüngte. Für einige Maurerarbeiten brauchte ich die Hilfe eines Tagelöhners, und so lernte ich José kennen. Er war achtzehn, vor kurzem aus Mexiko eingewandert und hoffte, etwas Geld zu verdienen, um es seiner zwölfköpfigen Familie nach Hause zu schicken. Jeden Tag trug er die gleiche Jeans, deren Reißverschluß kaputt war. Erst nachdem er schon mehrere Tage für uns gearbeitet hatte, erfuhren wir, daß er in der Gasse hinter der

Methodistenkirche schlief. An diesem Abend zog er bei uns ein und wohnt seither in unserem Haus.

Wir lernten sehr viel von ihm, zum Beispiel, daß die Freude des Lachens nichts mit Reichtum oder Armut zu tun hat. Eines Tages wusch meine Frau seine Kleider, und einer seiner Socken fehlte. «Ja, unsere Waschmaschine frißt manchmal Socken», sagte sie, als sie die Sachen aus dem Trockner nahm. «Passiert das deiner Mutter auch?»

«*Sí*», antwortete er lachend. «Meine Mutter wäscht im Fluß, und der Fluß frißt manchmal eine Socke.»

Sie werden staunen, welche neuen Perspektiven Sie gewinnen können in bezug auf Ihr Leben und Ihre Beziehungen, indem Sie einfach Abstand gewinnen und für eine Weile anders leben. Wenn Sie also optimistisch bleiben wollen, halten Sie Ausschau nach Möglichkeiten, sich selbst zu erneuern, sich für Auffrischung und Revitalisierung offenzuhalten. Treffen Sie andere Menschen, essen Sie in anderen Restaurants, wechseln Sie die Zeitung, nehmen Sie sich weniger Aufgaben vor, aber machen Sie diese besser, legen Sie einige Ihrer überholten Maximen ab, bleiben Sie an manchen Tagen lange wach, stehen Sie an manchen Tagen vor der Morgendämmerung auf. Tun Sie alles, um Ihren Kopf wie mit einem Schneebesen durchzuquirlen und Dinge in Bewegung zu bringen.

5 Wie Sie Ihre Denkmuster verändern können

> Das Leben besteht nicht in erster Linie – und nicht
> einmal hauptsächlich – aus Fakten und Ereignissen. Es
> besteht hauptsächlich aus dem Sturm von Gedanken, die
> uns unablässig durch den Kopf ziehen.   *Mark Twain*

Ein junger Rechtsanwalt aus dem Mittelwesten hatte in jungen Jahren einen Hang zur Melancholie. Einmal hielten seine Freunde es für richtig, Messer und Rasierklingen aus seiner Reichweite zu entfernen und über Nacht jemanden bei ihm zu lassen. In dieser Zeit schrieb er: «Ich bin der elendeste Mensch auf der Welt. Wenn das, was ich fühle, gleichmäßig auf die ganze Menschenfamilie verteilt wäre, würde es auf Erden kein heiteres Gesicht mehr geben. Ob es mir je bessergehen wird, kann ich nicht sagen; ich habe die schreckliche Vorahnung, daß das nicht der Fall sein wird. Zu bleiben, wie ich bin, ist unmöglich; mir scheint, ich muß sterben oder gebessert werden.»

Diese Worte wurden 1841 von Abraham Lincoln geschrieben. Sein Anwaltspartner William Hearndon sagte, in dieser Zeit habe er, «wo er ging und stand, Melancholie ausgestrahlt». Doch beachten Sie, wie anders er 1863 klingt: «Das Jahr, das zur Neige geht», schrieb Präsident Lincoln, «war gefüllt mit den Segnungen fruchtbarer Felder und gesunder Himmel. Dieser Gaben erfreuen wir uns so dauerhaft, daß wir leicht die Quelle vergessen, aus der sie kommen.» Ihm war schmerzlich bewußt, daß Tausende junger Amerikaner im Bürgerkrieg starben und daß das Land möglicherweise am Rand des Zusammenbruchs stand, aber er war noch immer in der Lage, das Gute um ihn herum zu sehen.

Irgendwann zwischen 1841 und 1863 hatte Lincoln offenbar gewisse geistige Techniken erlernt, die ihn in die Lage versetzten, viel von seiner Neigung zur Verzweiflung zu überwinden. Nicht, daß er in jenen Jahren, die die Republik erschütterten, sorglos und unbekümmert glücklich gewesen wäre; wenn er weniger gelitten hätte, wäre er ein weniger großer Mann gewesen. Aber er erwarb eine Fähigkeit, inmitten von Tragödien zu leben und doch Eigenschaften zu pflegen wie Dankbarkeit und Freude. Vielleicht liegt ein Hinweis auf Lincolns Charakter in einer beiläufigen Bemerkung, die er einmal zu jemandem über dieses Thema machte. «Mir ist aufgefallen», sagte er, «daß die meisten Leute ungefähr so glücklich sind, wie sie sich entschlossen haben zu sein.»

Vermutlich hätten Lincoln die kognitiven Therapeuten gefallen, die in aller Stille das Feld der Psychotherapie revolutioniert haben. Denn sie sagen ungefähr dasselbe. Sie behaupten, ob man Pessimist ist oder Optimist, sei großenteils eine bewußte Entscheidung, wir hätten beträchtliche Kontrolle über unsere Stimmungen, und – vielleicht am wichtigsten – wir könnten unsere Art zu fühlen ändern, indem wir unsere Denkweise ändern. Das Wort *Kognition* bedeutet schlicht Denken oder Wahrnehmung, und die kognitive Therapie basiert auf der einfachen Idee, daß unsere Gedanken und nicht äußere Ereignisse unsere Stimmungslage schaffen.

Diese Technik zur Modifizierung der eigenen Denkmuster wird von allen Optimisten angewandt, obwohl die meisten von ihnen zweifellos noch nie etwas von kognitiver Therapie gehört haben.

Dies ist das Merkmal Nummer fünf:

Optimisten unterbrechen ihre negativen Gedankengänge.

Den kognitiven Therapeuten zufolge ist es falsch anzunehmen, daß Gefühle eine direkte Folge von Ereignissen sind. Sie entstehen vielmehr aus den Gedanken, die die Ereignisse ausgelöst haben. Hier ein Beispiel: Sie sehen einen Wagen, der auf Sie zukommt. Geben Sie diesem Ereignis das Etikett A. Dann fühlen Sie Panik. Dies aber ist die Emotion C. Zwischen dem Ereignis und dem Gefühl steht B, der Gedanke: «Er wird mich anfahren!», der Ihnen durch den Kopf schießt. Dieser Ablauf erscheint ganz einfach, aber ihn zu verstehen, kann weitreichende psychologische Auswirkungen auf Menschen haben, die optimistisch leben wollen. Wenn es unsere Gedanken sind, die uns so viele Probleme schaffen, dann sollten wir Therapeuten aufhören, unsere Patienten so oft zu fragen: «Welche Gefühle löst das in Ihnen aus?» Vielmehr sollten wir anfangen, die Frage zu stellen: «Welche Gedanken sind es, die Sie so fühlen lassen?»

Hier sind die Schritte, mit denen Sie Ihre falschen Denkprozesse korrigieren können:

Strategie Nr. 1: Überprüfen Sie Ihre automatischen Gedanken

Weil er uns so beständig und schnell durch den Kopf geht, sind wir uns des inneren Dialogs, der in jeder wachen Stunde in uns abläuft, weitgehend nicht bewußt. Der brillante Psychologe Dr. Donald Meichenbaum hat für diesen Ablauf innerer Einschätzungen, Zuschreibungen, Erwartungen und Selbstbefragungen – das Material, von dem Woody

Allen lebt – den Begriff *automatische Gedanken* geprägt.

Er ist sehr passend. Wenn wir anfangen, diese Gedanken zu verlangsamen und sie weniger automatisch zu machen, kann das Ergebnis sehr erhellend sein.

Betrachten wir den Fall einer pensionierten Lehrerin, die in unsere Klinik kam. Sie war ziemlich stark depressiv, und wegen Suizidgefahr wurden ihr sofort antidepressive Medikamente verabreicht. Nach zwei Wochen fühlte sie sich besser, und so begannen wir, an der Korrektur der Art, wie sie über sich selbst dachte, zu arbeiten. Ich bat sie, Buch zu führen über alle negativen Gedanken, die ihr jeden Tag durch den Kopf gingen. «Ach, ich glaube nicht, daß das viel nützen wird», sagte sie. «Ich habe immer sehr positiv gedacht.»

Als sie jedoch zur nächsten Sitzung erschien, sagte sie: «Es ist mir sehr unangenehm, Ihnen zeigen zu müssen, wie viele Seiten ich geschrieben habe. Ich hätte nie gedacht, daß ich so viele dunkle, selbstkritische Gedanken habe. Und jetzt, wo ich sie mir ansehe, merke ich, daß diese Gedanken mir schon seit Jahren durch den Kopf gehen.» Es war also keine Überraschung, daß diese Gedanken sie schließlich niederdrückten.

Dr. David Burns arbeitet an der Universität von Pennsylvania, wo viele Grundlagen der kognitiven

Therapie entwickelt wurden. Er bittet seine Patienten, sich ein Armband mit Zählwerk zuzulegen, wie es die Golfer benutzen, um ihre Punkte festzuhalten. Die Patienten tragen dieses Zählwerk den ganzen Tag und müssen jedesmal auf den Knopf drücken, wenn sie sich bei einem negativen Gedanken ertappen. Am Ende des Tages schreiben sie die Gesamtzahl in ein Kontrollheft. Burns berichtet, zuerst nehme die Zahl der kritischen Gedanken zu, wenn der Betreffende lernt, sie zu identifizieren. Bald erreicht die tägliche Gesamtzahl ein Plateau, auf dem sie eine Woche oder zehn Tage bleibt, und dann beginnt sie abzusinken, was anzeigt, daß es dem Betreffenden bessergeht.

Strategie Nr. 2: Fragen Sie sich, ob Ihre automatischen Gedanken wirklich Ihre eigenen sind

Sobald sie anfangen, ihren inneren Dialog zu überprüfen, und lernen, auf das zu hören, das da in ihrem Kopf abläuft, merken die Menschen, daß einige der Gedanken gar nicht ihre eigenen sind. Sie sind vielmehr Zitate von anderen Leuten, die sie jahrelang gesammelt haben.

Nehmen wir an, Sie seien drei Jahre alt und mit Ihrem Vater, der am Auto arbeitet, in der Garage. Er rutscht mit dem Schraubenschlüssel aus, verletzt sich die Fingerknöchel, sein Kopf taucht unter der Motorhaube hervor, er flucht, wirft den Schraubenschlüssel hin und sagt: «Ich bin so blöd, ich kann nichts richtig machen.» Oder sagen wir, Sie seien ein Teenager und arbeiteten für einen Geschäftsmann, der immer schwarz sieht. Mindestens jeden zweiten Tag sagt er: «Im Augenblick läuft das Geschäft ja, aber vermutlich wird es im nächsten Monat verheerend sein.» Wenn Sie beim Heranwachsen solche Aussagen von Leuten gehört haben, die Sie bewundern, dann werden Sie zwanzig Jahre später wahrscheinlich selbst auch sagen: «Ich bin so blöd», und Ihren Schraubenschlüssel hinwerfen, wenn Sie an Ihrem Auto arbeiten. Oder, wenn die Geschäfte gut laufen, werden Sie trotzdem erwarten, daß sie sich bald verschlechtern.

Lassen Sie mich ein anderes Beispiel aus meiner Beratungspraxis anführen. Ein Mann saß zusammengesunken in meinem Sessel, während er von seiner wiederkehrenden Depression erzählte. Ich fragte nach seiner Ehe.

«Das war schwer», sagte er. «Es ist ein Wunder, daß wir noch zusammen sind.»

Ich fragte nach seiner beruflichen Laufbahn.

«Das war auch ein Kampf. Ich habe es nie leicht gehabt.»

Ich erkundigte mich nach weiteren Details aus

seinem Leben, und das Thema kehrte immer wieder: *Alles* war schwer. Man brauchte kein brillanter Therapeut zu sein, um zu vermuten, daß er darauf programmiert war, das Leben so zu sehen. Natürlich stellte sich heraus, daß seine Eltern trübsinnige, zynische Menschen gewesen waren, die jeden Abend nach Hause kamen und darüber jammerten, wie hart sie gearbeitet und welche Probleme sich tagsüber angehäuft hätten. Sie vermittelten ihren Kindern die Vorstellung, das Leben werde ein Kampf sein, und sie sollten sich auf viele Enttäuschungen gefaßt machen. So kam es, daß mein Patient jedesmal, wenn er eine neue Aufgabe in Angriff nahm, zu sich selbst sagte: «Das wird schwer sein.» Und gewöhnlich war es das dann auch.

Wenn wir solche Gedanken oft genug hören, werden sie wie ein Tonband, das sich automatisch einschaltet, sobald es durch bestimmte Situationen aktiviert wird. Wenn wir erst einmal erkennen, daß es sich um Zitate handelt, die wir gesammelt haben, an die wir aber nicht unbedingt glauben, können wir zum Glück anfangen, sie zu revidieren. Karl Menninger sagte einmal: «Ängste sind erlernt, und wenn sie erlernt sind, können sie auch verlernt werden.»

In diesem Fall waren Monate intensiver Therapie nötig, in denen wir seine Erwartungen eine nach der anderen genau untersuchten. Allmählich erkannte er, daß er mit der Weltsicht seiner Eltern nicht übereinstimmte. Er akzeptierte, daß das Leben eine Mischung aus gut und schlecht, schwer und leicht ist, und er wagte sogar die Annahme, er könne erwarten, daß vielleicht *einige* Dinge glattlaufen, im richtigen Moment eintreffen und einfach sein würden. Als er anfing, sich diese Überzeugungen immer aufs neue zu wiederholen, begannen sich seine Lebensumstände dramatisch zu verändern.

Strategie Nr. 3: Korrigieren Sie Ihre verzerrten Wahrnehmungen

Wir haben gesagt, die beiden ersten Schritte zur Veränderung Ihrer Gedanken bestehen darin, auf sie zu achten und dann negative Ideen in Frage zu stellen und sich zu überlegen, ob sie das Echo einer fremden Stimme sind oder wirklich Ihre eigenen.

Der dritte Schritt besteht darin, die Logik Ihres automatischen Denkens zu überprüfen. Achten Sie auf das, was kognitive Therapeuten «verzerrte Wahrnehmungen» nennen.

Zur Überprüfung unserer Logik ist es hilfreich, wenn man Bezeichnungen hat für die kognitiven Verzerrungen. Hier einige grundlegende:

Katastrophendenken

Sie können dafür sorgen, daß Sie sich elend fühlen, wenn Sie sich ständig Aussagen wiederholen wie: «Aus diesem Chaos komme ich nie heraus. Diesen ganzen Streß kann ich nicht ertragen. Das muß der schlimmste Tag meines Lebens sein.»

Das ist «Katastrophendenken», und wenn wir uns in einer Situation dabei ertappen, sollten wir schreien (aber nur innerlich): «Stopp!» und auf der Stelle eine Veränderung vornehmen. Wir können uns beispielsweise sagen: «Jetzt warte eine Minute; stimmt es wirklich, daß ich nie aus diesem Chaos herauskommen werde? Nein, natürlich nicht. Das war eine Überreaktion. Ich habe tatsächlich ein großes Problem und stehe unter ziemlichem Druck, aber ich werde es schließlich lösen. Und kann ich es wirklich nicht mehr ertragen? Doch, zumindest für eine Weile, wenn ich muß. Ist das der schlimmste Tag meines Lebens? Kaum.»

Negative Auswahl

Viele meiner Klienten haben einen interessanten inneren Filter, der Positives fernzuhalten scheint, Negatives aber durchläßt. Wenn jemand ihnen ein Kompliment macht, tun sie dieses Kompliment als oberflächliche Höflichkeit ab und löschen es schnell aus ihrem Gedächtnis. Wenn sie aber kritisiert werden, setzt sich diese Kränkung in ihrer Erinnerung fest. Sie wiederholen sie innerlich und haben sie noch nach Jahren wörtlich im Gedächtnis.

Bei manchen Menschen ist die Psyche so konstruiert, daß sie nur das Negative interessant finden können. Sie merken sich alle Todesfälle und Vergewaltigungen und Betrügereien und was sonst noch auf der Welt nicht stimmt, während sie Schönheit, Glück und die zahllosen Beispiele für Liebe und Lachen um sich herum ignorieren.

Dr. Bruce Larson erzählt, wie er versuchte, einen melancholischen Taxifahrer, der ihn am Flughafen von Indianapolis aufgenommen hatte, etwas aufzuheitern.

«Was für ein herrliches Wetter hier in Indiana», sagte Larson.

«Sie hätten gestern hier sein sollen», sagte der Fahrer. «Da war es gräßlich.»

«Wissen Sie, in Maryland, wo ich wohne, ist das Herbstlaub schon abgefallen, aber hier sind die Bäume noch wundervoll. Ich bin froh, daß ich diese Woche gekommen bin.»

«In drei oder vier Tagen sind die Blätter weg.»

Der Mann war so zum Trübsinn entschlossen, daß er allmählich zu einer Herausforderung wurde. Als sie an der Autorennbahn von Indianapolis vor-

beikamen, schaute Larson hinaus und fragte: «Ist das nicht die Autorennbahn von Indianapolis?»
«Hm.»
«Ach, an einem Memorial Day würde ich hier gern mal ein Rennen sehen.»
«Da würde ich nie hingehen.»
«Warum nicht?»
«Ich sehe lieber Pferderennen.»
Mein Freund dachte, er habe endlich etwas entdeckt, das dem Mann gefiel. «Ah, Sie gehen also auf die Pferderennbahn?»
«Nein, nie. Ist zu teuer.»

Wie kommt es, daß viele von uns wie dieser Taxifahrer in so negative Denkmuster verfallen? Hauptsächlich durch Gewohnheit. Pessimismus und Hoffnungslosigkeit können beinahe zu Reflexen werden. Unsere melancholischen Reaktionen werden so instinktiv, daß wir nicht mehr merken, wie blind wir für das Gute um uns herum geworden sind.

Verallgemeinerung

Es gibt einen logischen Irrtum, dessen wir uns häufig schuldig machen: Von einem Vorfall schließen wir auf alle möglichen Verallgemeinerungen.

Martin E. P. Seligman hat einen zwanzigminütigen Test entwickelt, um festzustellen, ob ein Mensch ein Optimist oder ein Pessimist ist. Bei der Bewertung der Einstellung einer Person betrachtet Seligman das, was er den Erklärungsstil nennt. Wir alle haben gewisse gewohnheitsmäßige Arten, die schlechten Dinge zu erklären, die geschehen, und Seligman sagt, daß der Stil dieser Erklärungen subtile Hinweise auf die Persönlichkeit gibt.

Seine Fragen sind nicht kompliziert. Er fragt die Leute, ob sie die Ursachen ungünstiger Vorfälle als vorübergehend oder dauerhaft, spezifisch oder allumfassend ansehen. Manche Menschen geben einem Fehlschlag die schlimmstmögliche Deutung. Sagen wir, eine junge Frau fällt durch eine Collegeprüfung. Wenn sie dies als dauerhaft («bei Prüfungen versage ich immer») und allumfassend («ich kann genausogut aufhören, das wird in all meinen Kursen so sein») erklärt, haben wir es mit einer Pessimistin zu tun. Andere Leute dagegen, sagt Seligman, weigern sich, es als dauerhaft anzusehen, wenn ihnen etwas mißlingt («diesmal bin ich durchgefallen, aber das passiert mir sonst nicht; nächstes Mal mache ich es besser»). Diese Optimisten glauben nicht, wenn sie in einem Fach Probleme haben, würden sie in allen Fächern Probleme bekommen. Sie tendieren dazu, die Umstände in Frage zu stellen («Wer weiß; vielleicht war das eine schlechte Prüfung, und alle hatten Schwierigkeiten»). Außerdem führen Optimisten Rückschläge gewöhnlich auf Fehler zurück, gegen die man etwas tun kann. Wenn sie einen Job nicht bekommen, sehen sie das nicht als persönliches Defizit, das ihnen immer anhängen wird. Statt dessen bitten sie andere Leute um Hilfe und Rat und formulieren dann einen Aktionsplan.

Personalisieren

Wenn Seligman mit seinem Test versucht, Pessimisten aufzuspüren, stellt er noch eine weitere Frage: Geben Sie sich selbst oder anderen die Schuld für Mißerfolge? Wenn Sie immer sagen: «Es muß mein Fehler gewesen sein», dann sind Sie dem Irrtum des Personalisierens erlegen. Wenn Ihnen beispielsweise ein Lehrer sagt, Ihr Kind sei nicht gut in der Schule, und Ihnen sofort der Gedanke kommt: «Ich muß eine schreckliche Mutter sein», dann übernehmen Sie zuviel Verantwortung für den Mißerfolg. Wenn ein Auftrag an einen Konkurrenten geht und Sie automatisch denken: «Ich muß den Biß verloren haben», ist der gleiche Vorgang am Werk.

Dr. Albert Ellis, ein früher Verfechter der kognitiven Therapie, sagt, daß wir mit etwa drei- bis fünfhundert verzerrten Vorstellungen von uns selbst herumlaufen. Wie er auf genau diese Zahlen kommt, ist mir zwar nicht ganz klar, aber er hat da etwas sehr richtig beobachtet. Manche von uns beurteilen sich selbst mehrmals täglich falsch. Ein Patient, mit dem ich arbeitete, fuhr zum Markt und bog versehentlich in die falsche Straße ein. «Ich Idiot! Heute kann ich aber auch gar nichts richtig machen. Ich werde den ganzen Nachmittag brauchen, um diese Besorgungen zu erledigen. Außerdem hasse ich Einkaufen!»

In der folgenden Woche berichtete er in meiner Praxis: «Aber dann habe ich mich selbst unterbrochen und mir gesagt: ‹Okay, McGinnis sagt, ich könne meine Gedanken ändern. Schauen wir mal, was ich daraus machen kann.› Ich versuchte also, diese Aussagen auseinanderzunehmen: ‹Bin ich ein Idiot, weil ich in die falsche Straße eingebogen bin? Nein, natürlich nicht. Ich habe mich also falsch beurteilt. Ich dachte gerade an etwas anderes und habe eine Querstraße verpaßt, das ist alles. Ich biege in diese Einfahrt, wende und fahre zurück. Stimmt es, daß ich nichts richtig machen kann? Nein, ich mache Fehler, aber vieles mache ich auch richtig, also stimmt auch das nicht. Und ist es so schlimm? Nein, das war Katastrophendenken. Es ist wirklich keine große Sache; ich bin schon wieder an der Ecke und habe vermutlich nicht mehr als zwanzig Sekunden verloren.› Und wissen Sie, es war erstaunlich, wieviel entspannter ich mich fühlte, als ich aufhörte, mich selbst innerlich dauernd zu treten.»

Beachten Sie, daß diese Korrekturen verzerrter Wahrnehmungen ganz realistisch und handfest sind, völlig anders als die extravaganten Selbstsuggestionen, die Populärpsychologen anraten, vor allem die einer bestimmten Sorte, die hier in Kalifornien gedeiht. Einmal besuchte ich einen Vortrag, bei dem ein erwachsener Mann uns sagte, wir sollten uns jeden Morgen nackt vor den Spiegel stellen und sagen: «Ich liebe mich, ich liebe mich, ich liebe mich.» Das ist lächerlich. Und selbst einige sogenannte Bestätigungen wie: «Ich bin eine fabelhafte Person, das wird ein wunderbarer Tag, und ich werde jeden Augenblick genießen», wirken gezwungen und euphorischer, als die Tatsachen gestatten. Der kognitive Ansatz übertreibt nicht; er hält einfach nach Fällen Ausschau, in denen das, was wir uns selbst sagen, unnötig düster ist und korrigiert werden kann.

Ich werde Ihnen jetzt ein Hilfsmittel vorschlagen, um Ihre negativen Denkmuster zu unterbrechen und zu korrigieren. Es ist so simpel, daß ich mich zuerst geweigert hatte, es meinen Patienten anzuraten, weil ich dachte, sie würden lachen. Doch nachdem ich es einen Monat lang an mir selbst ausprobiert hatte, war ich bekehrt.

Wie Sie Ihre Denkmuster verändern können

Die Technik ist folgende: Sie schieben einen Gummiring auf Ihr Handgelenk und tragen ihn vierundzwanzig Stunden täglich. Wenn Sie sich bei der Wiederholung eines Ihrer automatischen negativen Gedanken ertappen, ziehen Sie an dem Gummiband und lassen es zurückschnappen. Nach ein paar Wochen ist Ihnen sehr deutlich bewußt, wie oft Sie gewisse kognitive Verzerrungen vornehmen.

Der Psychologe Robert Oyler kauft die Gummibänder kartonweise und gibt sie seinen Patienten seit Jahren. «Es scheint eine so unbedeutende Sache zu sein», sagt er. «Aber ich tue alles, um einem Menschen zu helfen, seine depressiven Gedankengänge zu unterbrechen und sie durch bessere zu ersetzen. Eine meiner Patientinnen machte in der Therapie bemerkenswerte Fortschritte, und ihre Ehe besserte sich so, daß ihr Mann ganz begeistert war. Vor ihrem Hochzeitstag sagte er: ‹Liebling, das war emotional und finanziell ein so gutes Jahr, daß es unser schönster Hochzeitstag werden wird. Ich würde dir gern etwas kaufen, was du dir wünschst.› Sie überlegte einen Augenblick und sagte dann: ‹Dieses kleine Gummiband war so wichtig für die Veränderung meiner Denkweise. Meinst du, wir könnten von einem Juwelier ein Armband in Form eines Gummibandes anfertigen lassen?›»

Sie trägt es noch heute.

Strategie Nr. 4: Streben Sie günstige Assoziationen an

Optimisten unterbrechen nicht nur ihren negativen Gedankenfluß und ersetzen ihn durch logischere Einschätzungen, sie versuchen auch, die Dinge in möglichst günstigem Licht zu sehen. Harry Bullis war als Junge spindeldürr, schüchtern und zurückgezogen. Eines Tages ging er mit seinem Hund in den Wald, setzte sich auf einen Baumstumpf und traf eine wichtige Entscheidung: «Ich beschloß, die Worte und Handlungen jeder Person und jede Situation mit den bestmöglichen Assoziationen zu belegen. Natürlich war ich nicht blind für die Realitäten, aber ich versuchte immer zuerst, die beste Assoziation zu betonen, denn ich glaube, daß dieses Verfahren tatsächlich zu einem günstigeren Ausgang beiträgt.»

Wir sind, was wir denken. Dies ist eine der großen, universalen Wahrheiten, überliefert von Dichtern und Philosophen und fast allen religiösen Führern. Bullis begriff diese Wahrheit und nutzte sie zu seinem Vorteil.

Um die Vorschläge dieses Kapitels zusammenzufassen:

Wie Sie Ihre Denkmuster verändern können

1. Lernen Sie, Ihre automatischen Gedanken zu prüfen, indem Sie auf den Strom innerer Botschaften hören, der Ihren Gefühlen vorangeht.
2. Fragen Sie sich, ob einige dieser inneren Gedanken echte Überzeugungen sind oder nur die Ideen anderer Menschen, die sich Ihnen eingeprägt haben.
3. Lernen Sie, Ihre verzerrten Wahrnehmungen nach Kategorien (Katastrophendenken, negative Auswahl, Generalisieren, Personalisieren) zu analysieren und realistische Korrekturen vorzunehmen.
4. Wenn Sie Korrekturen vornehmen, folgen Sie Harry Bullis' Regel: Belegen Sie die Worte und Handlungen jeder Person und jede Situation mit den bestmöglichen Assoziationen.

6   Die selektive Kraft des Denkens

> Der Mensch, der aufgehört hat, dankbar
> zu sein, ist mitten im Leben
> eingeschlafen.   *Robert Louis Stevenson*

Kurz nach dem Vietnamkrieg fuhr ein Freund während eines heftigen Gewitterregens bei einer Tankstelle in Arizona vor. Der Tankwart kam heraus und pfiff fröhlich, während er den Tank füllte. Als mein Freund bezahlte, entschuldigte er sich dafür, den Tankwart bei diesem starken Regen herausgerufen zu haben.

«Das ist schon in Ordnung», antwortete der Mann, aus dessen Kleidern das Wasser in eine Pfütze tropfte. «Als ich in Vietnam in einem Erdloch lag, habe ich mir geschworen, wenn ich lebend nach Hause käme, würde ich so dankbar sein, daß ich mich nie wieder über etwas beklage. Und das habe ich auch nicht getan.»

Die Neigung dieses jungen Mannes zur Heiterkeit illustriert ein allgemeines Lebensprinzip: Fast keine Situation ist gänzlich gut oder gänzlich schlecht. Wir besitzen in uns einen Apparat zur Auswahl dessen, worauf wir unsere Aufmerksamkeit konzentrieren, und diesen selektiven Apparat können wir so oder so ausrichten.

Merkmal Nummer sechs ist also:

Optimisten stärken ihre Fähigkeit zur Dankbarkeit.

Sagte eine mitfühlende Freundin zu einer verkrüppelten Frau: «Leiden macht das Leben so farbig.»

«Ja», antwortete diese, «aber ich möchte die Farbe schon selbst auswählen.»

Einer der Grundsätze dieses Buches lautet, daß wir unsere Einstellung im wesentlichen selbst wählen. Wir entscheiden, in welchem Licht wir unsere Tage und die Ereignisse, die da geschehen, sehen wollen. Dieser Selektionsvorgang läuft ununterbrochen ab. Wir können unmöglich alle visuellen Reize und alle Geräusche in uns aufnehmen, die uns in jedem gegebenen Augenblick zur Verfügung stehen, und so wählen wir aus, was wir sehen und wobei wir verweilen.

Paulus gab diesen Rat: «Weiter, liebe Brüder, was wahrhaftig ist, was ehrbar, was gerecht, was keusch, was lieblich, was wohllautet, ist etwa eine Tugend, ist etwa ein Lob, dem denket nach.»

Dieser Ermahnung liegt Paulus' Überzeugung

Die selektive Kraft des Denkens

zugrunde, daß wir die Themen unserer Kontemplation wählen können. Dies mag eine ziemlich seltsame Idee sein für manche psychologischen Kreise, in denen man meint, man könne nichts weiter tun als sich dem Fluß überlassen und seine Gefühle spüren. Doch Paulus versichert, der Inhalt unseres Denkens sei im wesentlichen von uns gewählt, und durch den Gebrauch dieser Fähigkeit zur Selektion könnten wir unsere Welt verändern.

Norman Vincent Peale berichtet, wie er an einem nebelverhangenen Morgen den Hudson River überquerte. Die Fähre war voller Pendler, die schimpften und sich über das Wetter beklagten. Seine alte Mutter war bei ihm, und während sie an der Reling stand, die feuchte Kälte scheinbar nicht bemerkend, sagte sie: «Norman, ist der Nebel nicht schön? Er hat so etwas Weiches und Üppiges, wie er die Häuser und die Bäume einhüllt und ihre Konturen verschwimmen läßt.»

Er schaute in die Richtung, in die sie zeigte. «Und auf gewisse Weise war es tatsächlich schön», sagt er. «Aber wir Pendler hatten uns alle entschieden, uns auf die negativen Aspekte des Wetters zu konzentrieren und uns schlecht zu fühlen, während meine Mutter das Gute daran sah.»

Die selektive Kraft des Denkens

Dankbarkeit lernen

Wenn wir mehr wie die Mutter dieses Mannes und weniger wie diese Pendler werden wollen, wie bringen wir diese Veränderung zustande? Die Antwort lautet nicht, wir sollten zähneknirschend versuchen, alles Negative auszublenden. Wir können uns von unserer Bewunderung leiten lassen, statt von unserer Abneigung. Wir können uns so sehr auf Dinge konzentrieren, für die wir dankbar sind, daß keine Zeit bleibt, über Düsterem zu brüten.

Als ich noch ein Junge war, sangen wir eine alte Hymne, die den Refrain hatte: «Zähl die vielen Gaben, die dir verliehen sind, und nenne eine nach der anderen beim Namen.» Das ist eine der besten Arten, sich des Negativen zu entledigen: bewußt Dinge aufzählen, für die man dankbar ist. Wenn Sie sich selbst leid tun, empfiehlt Dale Carnegie, einen Stift und Papier zur Hand zu nehmen und eine Liste aller guten Dinge anzufertigen, die Sie haben, trotz aller Probleme. Dann sollten Sie, rät er, sich vorstellen, daß Ihnen jedes einzelne dieser Dinge genommen würde und wie Ihr Leben ohne sie aussähe. Wenn Sie schließlich die völlige Leere erreicht haben, geben Sie sich die Dinge eines nach dem anderen wieder zurück, und Sie werden überrascht sein, wieviel besser Sie sich fühlen. Unsere guten Gaben zu zählen, kann eine stimulierende Übung sein!

Wenn unsere Umgebung unvorteilhaft ist, ist es noch wichtiger, diese Gewohnheit des Auswählens zu üben. Die Bildhauerin Louise Nevelson glaubte, man könne überall in großer Schönheit leben. Sie ließ sich in New Yorks Elendsviertel, der Bowery, nieder, und selbst dort sagte sie: «Ich sammle für mein Auge.» Wenn sie in ihrem Eßzimmer saß und auf das häßliche Gebäude auf der anderen Straßenseite schaute, fand sie Schönheit in den wechselnden Mustern von Sonnen- und Mondlicht in dessen Fenstern. Sie betrachtete einen Stuhl und sagte: «Der Stuhl ist nicht so toll, aber schaut euch seinen Schatten an.»

Die Macht des Danke-Sagens

Obwohl der Parlamentspräsident Sam Rayburn politisch rücksichtslos sein konnte, war er immer freundlich zu Kellnerinnen und Hotelpagen. Ein Journalist sprach ihn einmal darauf an, und Rayburn sagte: «Nicht um alles Gold von Fort Knox würde ich zu einem kleinen Jungen oder Mädchen, die mich bedienen, unfreundlich sein... Was wir in diesem Leben tun, hängt oft von ganz winzigen Zufällen ab. Um ein Haar», er schnippte mit den Fingern, «wäre ich Farmpächter geworden, aber jemand war in meiner Jugend gut zu mir.»

Optimisten wie Rayburn scheinen empfänglich für kleine Akte der Großzügigkeit anderer. Sie sagen immer: «Danke.» Sie wissen, daß sie damit nicht nur der anderen Person ein gutes Gefühl geben, sondern auch ihre eigene Fähigkeit zur Bewunderung aufrechterhalten.

William Law schrieb vor Jahrhunderten: «Wollt ihr wissen, wer der größte Heilige der Welt ist? Nicht der, der am meisten betet oder fastet, nicht der, der am intensivsten lebt, sondern der, der Gott immer dankbar ist, der alles als Beispiel für Gottes Gnade empfängt und dessen Herz immer bereit ist, Gott dafür zu loben.»

Zwei Wege, um glücklich zu sein

Manche Menschen können nur an die Dinge denken, die sie sich wünschen: Autos, Ferien, ein neues Haus. Ihre Köpfe sind mit Wunschzetteln gefüllt. Aber sie sind zur Unzufriedenheit verurteilt, denn so viel sie auch erwerben, es wird immer Dinge geben, um die sie andere beneiden. Jemand hat einmal gesagt, es gebe zwei Wege, um glücklich zu sein: Der erste besteht darin, daß man das Geld hat, sich die Dinge zu kaufen, die man möchte; der zweite besteht darin, daß man die Weisheit besitzt, sich an den Dingen zu erfreuen, die man hat.

Niemand lernte diese Weisheit besser kennen als Professor Dr. Lee Salk. Oft spricht er von den Erfahrungen seiner Mutter, die in Rußland aufgewachsen ist. Als Mädchen wurde sie von den Kosaken aus ihrer Heimat vertrieben. Sie floh um ihr Leben, versteckte sich in Heuwagen und Straßengräben und überquerte schließlich auf einem überfüllten Schiff den Ozean und kam nach Amerika. Salk schreibt:

«Selbst nachdem meine Mutter geheiratet hatte und ihre Söhne geboren waren..., war es noch immer schwierig, etwas zu essen auf den Tisch zu bringen... Aber meine Mutter drängte uns, an das zu denken, was wir *hatten*, und nicht an das, was wir nicht hatten. Sie lehrte uns, daß man in der Not eine Fähigkeit entwickelt, die Schönheit zu schätzen, die in den einfachsten Elementen des Lebens liegt. Die Einstellung, die sie uns so entschlossen vermittelte, war die: ‹Wenn es dunkel genug ist, kannst du die Sterne sehen.›»

Vom Mißerfolg besessen

Einmal wurde ich von einem kräftigen jungen Mann konsultiert. Er war niedergeschlagen, und das mit einigem Grund, denn er war vor kurzem zum zweiten Mal durch ein juristisches Examen gefallen. Das Geld war ihm ausgegangen, und er sagte, er habe nichts mehr, wofür es sich zu leben lohne.

«Nichts?» fragte ich.

«Nein. Es ist so demütigend. Es heißt, wenn jemand zweimal durchgefallen ist, dann werde er es nie schaffen, Anwalt zu werden. Ich bin wirklich am Ende.»

Ich nahm einen Notizblock und sagte: «Ich möchte Ihnen ein paar Fragen stellen über das, was Sie noch haben. Sind Sie verheiratet?»

«Ja, aber das macht es nur noch schlimmer. Meine Frau war die ganze Zeit über fabelhaft, und ich weiß nicht, wieso sie noch bei mir bleibt, wo ich doch so ein Versager bin.»

«Aber sie liebt Sie?»

«Ich weiß nicht, warum, aber sie tut es, ja.»

Ich schrieb das auf den Block und fragte dann: «Was ist mit Ihren Eltern? Leben sie noch?»

«Meine Mutter, ja. Sie ist großartig. Als ich zehn war, wurde sie Witwe; ich hätte mir keine bessere Mutter wünschen können. Das ist auch ein Grund, warum ich mich so schäme. Sie war so stolz darauf, daß ich Rechtsanwalt werden wollte. Für all diese Menschen wäre es besser, wenn ich tot wäre.»

«Wie steht es mit Ihrer Gesundheit?» fragte ich. «Haben Sie irgendwelche medizinischen Probleme?»

«Nein, ich habe anscheinend eine kräftige Konstitution. Am Morgen des juristischen Examens war der Streß so groß, daß zwei Studenten sich auf den Stufen des Gebäudes übergeben mußten, aber ich war immer zäh. Im College habe ich Football gespielt.»

«Haben Sie Probleme mit dem Gesetz?» fragte ich. «Haben Sie etwas Verbotenes getan, oder besteht die Gefahr, daß Sie verhaftet oder ins Gefängnis gesteckt werden?»

«Nein», sagte er und lachte zum ersten Mal. «Ich bin so spießig, daß ich noch nicht einmal Marihuana geraucht habe. Meine Gesetzestreue hat mir zwar nichts eingebracht, aber wenigstens brauche ich mir keine Sorgen zu machen, wenn ich einen Polizisten sehe.»

«Glauben Sie an Gott?» fragte ich.

«Na ja, ich war nie ein großer Kirchgänger, aber ich habe immer an Gott geglaubt», antwortete er. «Ohne Gebete hätte ich das Jurastudium niemals durchgestanden.»

«Glauben Sie, daß Gott Sie liebt?» fragte ich.

«Ja, sicher, Gott liebt mich. Das weiß ich sogar, wenn ich so niedergedrückt bin wie jetzt.»

«Sie kommen mir wie ein ehrgeiziger Mensch vor», meinte ich. «Haben Sie noch ein paar Träume?»

«O ja», sagte er. «Ich hatte immer Träume. Deshalb war ich im Football erfolgreich, obwohl ich der kleinste Junge in der Mannschaft war. Ich habe viel Antrieb; wenn ich bloß dieses Examen hinter mich bringen könnte, dann hätten meine Frau und ich so viele Ziele.» Er starrte auf den Teppich und fuhr fort: «Es gab so viele tolle Sachen, die wir machen wollten.»

Ich riß das Blatt vom Block und gab es ihm: «Ihre Bilanz sieht so aus, als gäbe es doch noch ein paar gute Dinge für Sie», sagte ich.

Auf das Blatt hatte ich geschrieben:

1. Ehefrau liebt ihn, läßt ihn nicht im Stich.
2. Mutter glaubt bedingungslos an ihn.
3. Gesundheit ausgezeichnet; ist sogar Sportler.
4. Glaubt, daß Gott ihn liebt, glaubt an Gebet.
5. Hat viel Ehrgeiz – sein Antrieb befähigte ihn, als Sportler Hindernisse zu überwinden.

Er starrte eine Weile auf die Liste. Dann hob er den Kopf und sagte: «Erstaunlich. Wahrscheinlich war ich so besessen von meinem Versagen bei diesem Examen, daß ich keine Hoffnung mehr sah.»

Der junge Mann kam nur noch zu wenigen weiteren Sitzungen und ging dann seiner Wege. Ich wünschte, ich könnte berichten, daß er das Examen beim nächsten Versuch bestand, aber das tat er nicht. Und beim vierten Mal scheiterte er wieder.

Aber er gab nicht auf, und beim fünften Mal bestand er. Das geschah vor mehreren Jahren, und ich höre nicht oft von ihm, aber trotz dieses schwierigen Starts ist er heute ein erfolgreicher Anwalt und Geschäftsmann.

Genießen

Ganz gleich, wie schlecht ihre Situation im Augenblick sein mag, Optimisten finden immer Dinge, an denen sie sich freuen können – den Duft eines Holzfeuers im Kamin am Abend, die Wonne auf dem Gesicht eines Kindes, das mit einem Haustier schmust, oder auch den Geschmack einer guten Tasse Kaffee.

Der vietnamesische Mönch Thich Nhat Hanh hat die langen Jahre des Krieges in Vietnam miterlebt, Kriegsopfern geholfen, hungrigen Kindern zu essen gegeben und sich im Golf von Siam um die Sicherheit von *Boat people* gekümmert. Not ist ihm vertraut, und so rät er nicht zu dem Versuch, das Leid auszuschließen, vor allem das Leid anderer: «Versuche nicht, den Kontakt mit Leid zu vermeiden oder deine Augen vor dem Leid zu verschließen ... Suche mit allen Mitteln nach Möglichkeiten, mit den Leidenden zu sein; dazu gehören persönliche Kontakte und Besuche, Bilder, Töne. Mit die-

Die selektive Kraft des Denkens

sen Mitteln erwecke dich und andere zur Realität des Leidens in der Welt.»

Doch dann fügt er diesem Leid noch eine wichtige Komponente hinzu:

«Das Leben ist voller Leid, aber es ist auch voll von Wundern wie dem blauen Himmel, dem Sonnenschein, den Augen eines Babys. Leiden allein ist nicht genug. Wir müssen auch mit den Wundern des Lebens in Berührung sein. Sie sind überall und jederzeit in uns und um uns herum ... Müssen wir uns besonders anstrengen, um uns an der Schönheit des blauen Himmels zu erfreuen? Müssen wir üben, um sie genießen zu können? Nein, sie erfreut uns einfach ... Wo immer wir sind, wir haben zu jeder Zeit die Fähigkeit, den Sonnenschein, die Gegenwart anderer Menschen, sogar das Gefühl unseres eigenen Atems zu genießen. Wir brauchen nicht nach China zu fahren, um uns am blauen Himmel zu erfreuen. Wir brauchen nicht in die Zukunft zu reisen, um unseren Atem zu genießen. Wir können hier und jetzt mit diesen Dingen in Berührung sein. Es wäre ein Jammer, wenn wir uns nur des Leidens bewußt wären.»

Thomas Merton schrieb, daß asiatische Führer wie Hanh sich sorgfältiger um die subtile Entwicklung des menschlichen spirituellen Bewußtseins bemühen, als wir im Westen das normalerweise tun.

Die selektive Kraft des Denkens

David Leak, pensionierter Rektor unseres örtlichen Colleges, ist ein guter Fotograf und macht mehr als tausend Aufnahmen im Jahr. Einmal fragte ich ihn: «Warum haben Sie immer Ihre Kamera bei sich? Versuchen Sie, irgendeinen ausgefallenen Unfall zu erwischen und das Bild dann für einen hohen Preis an eine Zeitschrift zu verkaufen?»

«O nein», antwortete er. «Ich mache Aufnahmen, damit ich besser sehen lerne. Wenn ich nicht aufpasse, werde ich vielleicht träge und sehe nicht mehr die neuen Blüten an unserem Pfirsichbaum oder die Farben einer Eidechse auf meiner Terrasse. Die Kamera hilft mir, ein scharfer Beobachter zu bleiben.»

Meine Frau ist Expertin in der Kunst des Bewunderns. Ich kann mich nicht erinnern, vor unserer Heirat jemals den Geschmack von Kaffee am Morgen genossen zu haben. Er war einfach ein Mittel, morgens für den Tag in Gang zu kommen. Dann lernte ich Diane kennen, die an drei von vier Vormittagen ihre Tasse in beide Hände nimmt, das Aroma einatmet und ausruft: «Ach, ist das gut! Ich liebe die erste Tasse Kaffee!»

Optimismus bedeutet also nicht, daß man sagt, alles werde von Tag zu Tag und in jeder Hinsicht immer besser. Und auch nicht, daß man sagt, man habe das Schlimmste überstanden. Beides nämlich wissen wir nicht. Aber wir wissen, daß diese Welt trotz aller Fehler eine großartige Welt voll guter Dinge ist, die wir genießen und an denen wir uns erfreuen können.

«Solange man bewundern und lieben kann», sagte Pablo Casals, «bleibt man jung.»

7 Wie man die Zukunft vorhersagen kann

> Unsere Vorstellungskraft ist die einzige
> Grenze für das, was wir uns in der
> Zukunft erhoffen können.
>
> *Charles F. Kettering*

Ich fragte einmal einen Mann, der ein Scharfschütze von Weltklasse ist, nach den Eigenschaften, die in diesem Sport Erfolg bringen. «Wenn man einmal ein bestimmtes Niveau erreicht hat, ist das Geheimnis die mentale Konditionierung», sagte er. «Zuerst muß man sich natürlich sehr anstrengen, die Technik zu erlernen, und es ist wichtig, in guter körperlicher Form zu bleiben. Aber körperliche Geschicklichkeit ist nicht so entscheidend wie mentale Konditionierung. Wir sprechen vom dreipfündigen Kraftwerk, das wir auf den Schultern tragen. Ich komme nicht jeden Tag zum Schießstand, aber ich lasse keinen Tag vergehen, ohne in meinem Kopf einen Film ablaufen zu lassen, in dem ich perfekte Treffer schieße. Ich nehme mir Zeit und gehe im Geist langsam alle Schritte durch. Manchmal ist diese Wiederholung langweilig, aber es ist sehr wichtig, das regelmäßig zu machen.»

Optimisten tun immer das, was dieser Scharfschütze tut. Sie stellen sich lebhaft gute Dinge vor, die in der Zukunft passieren.

Merkmal Nummer sieben ist also:

Optimisten benutzen ihre Vorstellungskraft, um den Erfolg zu proben.

Bei den Olympischen Spielen von 1976 gewann Bruce Jenner die Goldmedaille im Zehnkampf, einer strapaziösen Disziplin, die viele verschiedene athletische Fähigkeiten und bemerkenswerte Ausdauer erfordert. Worauf führte Jenner seinen Erfolg zurück? «Ich hatte immer das Gefühl, daß nicht meine körperlichen Fähigkeiten, sondern meine mentalen Fähigkeiten mein größter Trumpf sind», sagte er. Der Kunstspringer Greg Louganis, der Golfspieler Jack Niklaus und der Eiskunstläufer Scott Hamilton nehmen sich die Zeit, um perfekte Sprünge, Putts und dreifache Axel wiederholt zu visualisieren, ehe sie sie tatsächlich ausführen.

In Bildern denken

Experimente haben gezeigt, daß in einigen Sportarten das mentale Visualisieren wirksamer zu sein scheint als tatsächliches Üben. Alan Richardson ließ einige Versuchspersonen mental eine Turnübung am Reck durchführen. Sie wurden aufgefordert, sich sechs Tage lang täglich fünf Minuten bei dieser Übung «zu sehen und zu fühlen», ehe sie die tatsächliche Übung in Angriff nahmen. Richardson dachte, wenn das Visualisieren eine wirksame Übungsmethode sei, dann würden die Versuchspersonen mit lebhafter Vorstellungskraft besser abschneiden als die, die die Übungen nicht gemacht hatten. Und genau das geschah auch.

Noch dramatischer waren die Ergebnisse bei zwei Gruppen von Leuten mit gleicher Fähigkeit zum Werfen von Treffern beim Basketball. Die eine Gruppe wurde aufgefordert, jeden Tag zu üben; die zweite durfte nicht üben, mußte sich aber jeden Tag vorstellen, Treffer zu werfen. Als die beiden Gruppen dann zum Wettbewerb antraten, gewannen die Visualisierer.

Der Trainer Bear Bryant gewann 323 Footballspiele nicht nur, weil er seine Spieler hart trainieren ließ, sondern auch, weil er meisterhaft Bilder heraufbeschwören konnte. Bei der Besprechung vor dem Match half er seiner Mannschaft, den Sieg förmlich zu riechen. Er beschrieb den Spielern, wie es sein würde, wenn sie einander nach dem Sieg in der Garderobe auf die Schulter schlugen, wie ihre Eltern schauen, ihre Freundinnen sie umarmen würden. Wenn man solche Bilder in sich hat, die einem den Rücken stärken, kann man eine Menge Spiele gewinnen.

Viele depressive Menschen haben ihre Einstellung einfach dadurch geändert, daß sie ihre Vorstellungskraft anders benutzten. Sie lernten, den Film, der in ihrem Inneren ablief, zu verändern, und begannen, Sorgen durch positive Bilder zu ersetzen.

Sorge

Sorge ist nicht mehr und nicht weniger als der falsche Gebrauch der Vorstellungskraft. Statt sie dazu zu benutzen, günstige Geschehnisse durchzuspielen, sieht der Mensch, der sich ständig Sorgen macht, auf seiner inneren Leinwand Unheil und persönliche Demütigungen.

Das Traurige an solchen Vorstellungen ist, daß sie meist nur eine schwache Möglichkeit abbilden. Mark Twain sagte, er habe in seinem Leben eine Menge Probleme gekannt, und die meisten davon seien nie eingetreten.

Ein Geschäftsmann, der sich chronisch Sorgen

machte, entschloß sich, seine Ängste einmal zu analysieren. Er stellte fest, daß 40 Prozent seiner Ängste Dinge betrafen, die wahrscheinlich nie geschehen würden, 30 Prozent sich um vergangene Entscheidungen drehten, die nicht zu ändern waren, 12 Prozent die Kritik anderer betrafen, die ohnehin keine Rolle spielte, und 10 Prozent seine Gesundheit (die zu erhalten er bereits sein möglichstes tat). Nur 8 Prozent seiner Ängste bezogen sich auf wirklich berechtigte Sorgen. Wenn wir uns 92 Prozent unserer Sorgen vom Hals schaffen könnten, wären wir auf dem besten Wege zu solider Selbstbeherrschung.

Hoffnung auf die Zukunft bewahren

Albert Einstein sagte, Phantasie sei wichtiger als Wissen. Tatsächlich messen wir dem dreipfündigen Kraftwerk, das auf unseren Schultern sitzt, nicht genug positive Bedeutung bei, denn mit seiner Vorstellungskraft erschafft es heute das, was morgen geschehen wird. Russell E. Palmer, Universitätsrektor der Wharton School in Pennsylvania, sagt, echte Anführer hätten eine Fähigkeit, Großes zu visualisieren, und diese Vision rege die Menschen an, ihnen zu folgen.

Palmer hat recht. Anführer sind Leute, die ein

unbebautes Grundstück betrachten und ein prächtiges Gebäude sehen können, die einer demoralisierten Gruppe von Arbeitern eine lebhafte Vorstellung davon vermitteln, was sie gemeinsam leisten können.

Die Vorstellungskraft hat Menschen erfolgreich am Leben erhalten, die jahrelang unter schrecklichsten Umständen ihren Glauben bewahren mußten. Gerald L. Coffee, Captain der Marine, beschreibt in dem Buch «Beyond Survival» seine Erlebnisse während des Vietnamkrieges. Sein Flugzeug wurde am 3. Februar 1966 über dem Chinesischen Meer abgeschossen, und er verbrachte die nächsten sieben Jahre in verschiedenen Gefangenenlagern. Die Kriegsgefangenen, die überlebten, schreibt er, schafften das durch körperliches Training, Gebet und hartnäckige Kommunikation untereinander. Nachdem ihn die Vietnamesen tagelang auf ihrer Folterbank gequält hatten, unterschrieb er das Geständnis, das sie von ihm verlangten; dann wurde er wieder in seine Zelle geworfen, wo er sich vor Schmerzen wand. Schlimmer aber waren seine Schuldgefühle, weil er schwach geworden war. Er wußte nicht, ob es im Zellenblock noch andere amerikanische Gefangene gab, aber dann hörte er eine Stimme: «Sie da mit dem gebrochenen Arm in Zelle sechs, können Sie mich hören?»

Das war Colonel Robinson Risner. «Man kann

ohne Gefahr reden. Willkommen im Hotel Herzeleid», sagte er.

«Colonel, haben Sie etwas von meinem Navigator Bob Hanson gehört?» fragte Coffee.

«Nein. Hören Sie, Jerry, Sie müssen lernen, sich durch Klopfen an die Wand zu verständigen. Das ist die einzig verläßliche Verbindung, die wir untereinander haben.»

Risner hatte «wir» gesagt! Das bedeutete, daß es noch andere gab. Gott sei Dank bin ich nicht mehr allein, dachte Coffee.

«Haben sie Sie gefoltert, Jerry?» fragte Risner.

«Ja. Und ich fühle mich elend, weil sie etwas aus mir herausbekommen haben.»

«Hören Sie», sagte Risner, «wenn die sich entschließen, einen Mann zu brechen, dann tun sie das auch. Wichtig ist, wie Sie es überstehen. Beachten Sie einfach den Code. Widerstehen Sie, solange Sie können. Wenn sie Sie brechen, dann bleiben Sie nicht gebrochen. Lecken Sie Ihre Wunden und stehen Sie wieder auf. Reden Sie mit jemandem, wenn Sie können. Ziehen Sie sich nicht in sich selbst zurück. Wir müssen uns umeinander kümmern.»

Wegen irgendeines geringfügigen Verstoßes wurde Coffee tagelang hintereinander bestraft und an Seilen aufgehängt. Sein Kamerad in der Nebenzelle klopfte an die Wand und sagte ihm so, er solle «durchhalten» und er bete für ihn. «Dann, als er bestraft wurde», sagte Coffee, «klopfte ich an die Wand und tat dasselbe für ihn.»

Endlich erhielt Coffee einen Brief von seiner Frau:

«Lieber Jerry,

es war ein wunderbarer Frühling, aber natürlich vermissen wir dich. Den Kindern geht es gut. Kim kann jetzt auf Wasserskiern über den ganzen See fahren. Die Jungen schwimmen und tauchen vom Dock aus, und der kleine Jerry planscht mit einem Schwimmreifen herum.»

Coffee hörte zu lesen auf, weil seine Augen sich mit Tränen füllten. «Der kleine Jerry. Wer ist Jerry?» Dann wurde es ihm klar. Ihr Baby, nach seiner Gefangennahme zur Welt gekommen, war ein Sohn, und sie hatte ihn Jerry genannt. Sie konnte ja nicht wissen, daß er alle ihre früheren Briefe nicht erhalten hatte, und sprach daher ganz sachlich über ihren neuen Sohn. Coffee sagt:

«Ich hielt ihren Brief und war voller Emotionen: Erleichterung, endlich zu wissen, daß es der Familie gutging, Kummer, weil ich Jerrys ganzes erstes Lebensjahr verpaßt hatte, Dankbarkeit für die Gnade, einfach am Leben zu sein.»

Coffee erzählt von den langen, langen Stunden, in denen die Gefangenen sich vor ihrem inneren Auge vorstellten, wie sie daheim von einem Zimmer ins andere gingen und dabei wie durch eine Filmkamera jedes Detail betrachteten. Immer wieder spielten sie die Szenen durch, wie es sein würde, wieder dort zu sein. Coffee sagt, seine Freunde und sein Glaube hätten ihm geholfen, es zu überstehen. Jeden Sonntag gab der ranghöchste Offizier in jedem Zellenblock ein Signal – Kirchgang. Jeder stand in seiner Zelle auf, wenn er dazu imstande war, und dann rezitierten sie, als seien sie zusammen, den dreiundzwanzigsten Psalm: «Du bereitest vor mir einen Tisch im Angesicht meiner Feinde, du salbest mein Haupt mit Öl und schenkest mir voll ein.» Coffee sagt:

«Mir wurde klar, daß es trotz meiner Gefangenschaft an diesem entsetzlichen Ort *mein* Becher war, der voll eingeschenkt war, denn eines Tages, irgendwann und irgendwie, würde ich in ein schönes, freies Land zurückkehren.»

Endlich wurde der Friedensvertrag unterzeichnet, und am 3. Februar 1973, am siebten Jahrestag seiner Gefangennahme, mußte Coffee vor zwei jungen vietnamesischen Offizieren antreten.

«Wir haben Befehl, Ihnen Ihr Eigentum zurückzugeben», sagte einer.

«Welches Eigentum?» fragte er.

«Das hier.»

Er schluckte schwer und griff nach dem goldenen Ehering, den der Soldat zwischen Daumen und Zeigefinger hielt. Ja, es war seiner. Er steckte ihn auf den Finger. Ein bißchen weit, aber eindeutig sein Ring. Er hatte nicht erwartet, ihn jemals wiederzusehen.

«Meine Kinder waren elf oder zwölf Jahre alt, als man mir den Ring weggenommen hatte. Plötzlich fühlte ich mich alt und müde. Meine besten Jahre hatte ich in einer Art mittelalterlichem Kerker zugebracht, mein Arm war kaputt, ich hatte mir Würmer und weiß Gott was sonst noch geholt. Ich fragte mich, ob meine Kinder, die jetzt älter waren und sich sehr verändert hatten, mich in der Familie wieder akzeptieren würden und wie unser Wiedersehen sein würde. Und ich dachte an Bea. Würde es ihr recht sein? Liebte sie mich noch? Konnte sie sich überhaupt vorstellen, wieviel sie mir in all den Jahren bedeutet hatte?»

Die Busreise nach Hanoi verging wie in einem Nebel, aber an ein Bild kann Coffee sich ganz klar erinnern: an die schöne, rotweißblaue Flagge, die auf das Heck der riesigen C-141 Transportmaschine der Air Force gemalt war, die in der Sonne glänzte und auf die freigelassenen Gefangenen wartete.

Neben dem Flugzeug standen einige Dutzend amerikanischer Militärs, die ihnen durch den Zaun zulächelten und die Daumen in die Luft hielten. Die Entlassenen mußten sich in einer Zweierreihe aufstellen, und der vietnamesische Offizier verlas ihre Namen, Dienstgrade und Truppenteile.

«Commander Gerald L. Coffee, United States Navy.» (In seiner Abwesenheit war er um zwei Ränge befördert worden.) «Willkommen daheim, Jerry.» Der Colonel streckte beide Hände aus und schüttelte Coffee die Hand.

Als das Flugzeug beladen war, fuhr der Pilot unverzüglich auf die Startbahn. Als sie in der Luft waren, ertönte durch den Lautsprecher die Stimme des Piloten und füllte den Passagierraum. Es war eine starke, sichere Stimme.

«Glückwunsch, meine Herren. Wir haben soeben Nordvietnam verlassen.» Erst da brachen sie in Jubel aus.

Nach der lang ersehnten Wiedervereinigung mit seiner Frau und seinen Kindern, ging die Familie am folgenden Sonntag gemeinsam zur Kirche. Hier Coffees Antwort auf den Willkommensgruß des Gemeindepfarrers. Sie faßt das, was den Optimisten ausmacht, besser zusammen als alles andere:

«Glaube war tatsächlich der Schlüssel dafür, daß ich all diese Jahre überlebt habe. Der Glaube an mich selbst, einfach nach besten Kräften meine Pflicht zu tun und schließlich in Ehren nach Hause zurückzukehren. Der Glaube an meine Mitmenschen, angefangen bei Ihnen allen hier, das Wissen, daß Sie sich um meine Familie kümmern würden, und der Glaube an meine Kameraden in den verschiedenen Zellen und Zellenblocks im Gefängnis, Männer, von denen ich abhängig war und die ihrerseits von mir abhängig waren, manchmal verzweifelt abhängig. Der Glaube an mein Land, seine Institutionen und unsere nationale Sache ... Und natürlich der Glaube an Gott – wie Sie alle wissen, ist er wirklich die Grundlage für alles ... Unser Leben ist eine fortgesetzte Reise – und wir müssen auf unserem Weg an jeder Biegung lernen und wachsen, manchmal stolpernd, aber immer unterwegs in Richtung auf das Beste in uns.»

8 Der Unterschied zwischen Glück und Heiterkeit

> Das Handeln scheint auf das Fühlen zu folgen, aber in Wirklichkeit gehen Handeln und Fühlen Hand in Hand.
>
> *William James*

Als ihr erstes Kind etwa zwei Jahre alt war, erfuhr die berühmte Opernsängerin Beverly Sills, daß das Mädchen fast völlig taub war und nie die Stimme seiner Mutter hören würde. Ungefähr um die gleiche Zeit brachte sie ein zweites Kind zur Welt, einen Jungen, der sich als autistisch erwies. Die Sängerin widmete sich daraufhin ein ganzes Jahr nur der Familie, um ihre doppelte Tragödie zu bewältigen und in einer Schule für Gehörlose mit ihrer Tochter zu arbeiten. Auf die Frage, ob sie glücklich sei, antwortete sie: «Ich bin heiter. Das ist ein Unterschied. Ein heiterer Mensch hat Sorgen, aber er hat gelernt, wie er damit umgehen kann.»

Heiterkeit ist etwas, das wir viel besser kontrollieren können als Glück. Wir können beschließen, unter unglücklichen oder entmutigenden Umständen heiter zu bleiben, teilweise, um uns selbst zu

Der Unterschied zwischen Glück und Heiterkeit

stützen, teilweise als Akt der Höflichkeit unseren Lieben gegenüber. Wenn wir uns in ihrer Gegenwart elend fühlen, rauben wir ihnen Energie. Statt sie niederzudrücken, versuchen wir, heiter zu sein, um sie aufzumuntern. Dann beginnt etwas Interessantes zu passieren: Wir stellen fest, daß wir uns selbst besser fühlen. Das äußere Verhalten beeinflußt die inneren Gefühle.

William James, der große amerikanische Psychologe, wäre über ein solches Phänomen nicht erstaunt gewesen. Er selbst litt unter schweren Depressionen, aber er stellte fest, daß wir negativen Emotionen entgegenwirken können, indem wir sie durch gegenteiliges Verhalten ersetzen. Er schrieb 1892: «Indem wir das Handeln regulieren..., können wir indirekt das Fühlen regulieren... Der souveräne, willentliche Pfad zur Heiterkeit, wenn wir die spontane Heiterkeit verloren haben, besteht also darin, sich heiter aufzusetzen... und zu handeln und zu sprechen, als sei die Heiterkeit schon da.»

Je länger ich Menschen beraten habe, desto mehr bin ich zu der Überzeugung gekommen, daß ein bescheidenes Maß an Verleugnung wohltuend sein kann. Wenn Sie entmutigt sind, können Sie Ihre Stimmung bemerkenswert heben, indem Sie begeistert *handeln*.

Merkmal Nummer acht ist also:

Optimisten sind auch dann heiter, wenn sie nicht glücklich sein können.

Mit dreiundneunzig Jahren wird Rose Kennedy von einem Zeitschriftenreporter interviewt. Vier ihrer neun Kinder sind eines gewaltsamen Todes gestorben. Eine Tochter, Rosemary, war ihr ganzes Leben lang schwer behindert. Rose Kennedy hat ihren Ehemann lange genug überlebt, um in der Presse wieder und wieder sein ziemlich hemmungsloses und skrupelloses Leben geschildert zu sehen. Sie ist eine alte Dame, die von vielen Tragödien heimgesucht wurde. Der Reporter fragt nach all dem, und Rose Kennedy sagt langsam: «Ich habe immer daran geglaubt, daß Gott uns kein schwereres Kreuz auferlegt, als wir tragen können. Und ich habe unter allen Umständen immer geglaubt, daß Gott will, daß wir glücklich sind. Er will nicht, daß wir traurig sind. Vögel singen nach einem Sturm. Warum sollten wir das nicht auch tun?»

Diese Worte sind die tapfere Erklärung einer Frau, die beschlossen hat, heiter zu sein, auch wenn ihre Situation nicht glücklich ist.

Das «Als-ob»-Prinzip

Lincoln Kirstein, der tatkräftige Direktor des New York City Ballet, lernte dieses Prinzip von dem Mystiker Gurdieff. Kirstein schrieb einmal: «Gurdieff vermittelte mir eine Methode, die man leichthin ‹als ob› nennen könnte. Man benimmt sich, als sei etwas wahr. Und dann geschieht es auch. Wir dachten an eine Ballettschule, ein Ensemble, an das Lincoln Center, als es das noch nicht gab. Indem wir uns verhielten, als würde es geschehen, vergeudeten wir keine Zeit.»

C. S. Lewis riet einst, wenn man keine Liebe zu einer anderen Person empfinde, solle man handeln, als ob man sie liebe, und oft folge die Emotion auf das Verhalten. Sie werden feststellen, daß Sie auf diese Weise, wenn schon nicht Liebe, so doch wenigstens mehr Sympathie und Zuneigung empfinden. In einer gestörten Ehe können Paare viel Gutes erreichen, wenn sie einfach aufmerksam zueinander sind und sich liebevoll und zärtlich verhalten. Solches Handeln erzeugt vielleicht nicht nur mehr Liebe in Ihrem Partner – es kann auch Ihre eigenen inneren Gefühle verändern.

Aber können wir glücklicher sein, indem wir so tun als ob?

Eine Gefahr wohnt diesem «Als-ob»-Prinzip inne. Bei dem Versuch, heiter zu handeln, kann man unecht werden. Die Menschen, die wir mögen, zeigen gewöhnlich ehrliche Gefühle und kein aufgeklebtes Lächeln. Aber es ist nicht unaufrichtig, wenn Menschen sich aus ihrer Depression reißen, indem sie enthusiastisch handeln. Wer Aerobic-Kurse besucht, ist vielleicht nicht bei guter Laune, wenn die Musik einsetzt, aber sobald man energisch und im Takt der Musik zu trainieren beginnt, hellt sich auch die Stimmung auf. Michael Campos, der eine Schule für Kampfsport hat, benutzt dieses Prinzip für seinen Unterricht. «Der typische Karate-Schrei hat drei Ziele», sagt er. «Er spannt die Bauchmuskeln, macht dem Gegner Angst, und, was das wichtigste ist, er gibt den Leuten Selbstvertrauen.»

Viele von uns wenden diese praktische Psychologie bereits an, ohne sich dessen bewußt zu sein. «Lächle», drängen wir ein nörgelndes Kind, und unwillkürlich lächelt es – und ist aufgeheitert. Um bei einem Workshop diese Idee zu illustrieren, ließ Nathaniel Branden eine Gruppe aufstehen. Wir mußten die Hände hoch in die Luft recken und auf und ab springen. Während wir das taten, forderte er uns auf, immer wieder zu sagen: «Ich bin deprimiert! Ich bin niedergeschlagen!» Wir stellten fest, daß das nahezu unmöglich war. Entweder mußten wir die energischen Körperbewegungen unterbrechen, um «ich bin deprimiert» zu sagen, oder wir mußten aufhören, «ich bin deprimiert» zu sagen, um uns weiterhin energisch bewegen zu können.

Hier ein paar Anleitungen, um eine heitere Einstellung zu bewahren.

Anleitung Nr. 1: Beginnen Sie den Tag gut

Ein Geschäftsmann sagt, an manchen Morgen wache er träge auf und habe keine Lust, zur Arbeit zu gehen. Er hat sich jedoch angewöhnt, vor dem Duschen in seinem Schlafzimmer leichte Gymnastik zu treiben, und das muntert ihn auf. «Danach», sagt er, «mache ich das, was ich ‹spirituelle Gymnastik› nenne. Das mag sich ein bißchen verrückt anhören, aber ich sage laut einige Bibelverse auf, die ich auswendig gelernt habe, und zwar mit energischer, begeisterter Stimme, selbst wenn ich mich nicht so fühle. Ich schaue zum Beispiel aus dem Schlafzimmerfenster und sage die Zeile aus den Psalmen: ‹Dies ist der Tag, den der Herr gemacht hat; lasset uns freuen und fröhlich darinnen sein.› Vielleicht regnet es, oder mir graut vor dem Berg von Arbeit auf meinem Schreibtisch, aber wenn ich diese Übungen mache, fühle ich mich erstaunlicherweise viel optimistischer.»

Diese Fähigkeit – sich in die unserer Stimmung entgegengesetzte Richtung zu bewegen – ist es wert, sie zu pflegen. Ed Foreman, ein ehemaliger amerikanischer Kongreßabgeordneter, sagt, die sicherste Methode, den ganzen Tag lang schlechte Laune zu haben, bestehe darin, spät aufzustehen, das Frühstück auszulassen und mit halsbrecherischer Geschwindigkeit zur Arbeit zu rasen. Er schlägt vor, zeitig genug aufzustehen, um die ersten paar Minuten mit anregender Lektüre oder der Anhörung eines motivierenden Tonbandes zu verbringen und diese Gedanken den ganzen Tag über im Sinn zu behalten. «Dann sollte man sich etwas Bequemes anziehen», sagt er, «und hinausgehen, um den Tag erwachen zu sehen.»

Anleitung Nr. 2: Nutzen Sie die Therapie des Lachens

Ein ausgeprägtes Merkmal des Optimisten ist, daß er sich selbst nie zu ernst nimmt. Viele neuere Untersuchungen zeigen, daß Menschen, die täglich oft genug lachen, auch optimistischere Gefühle haben. Gewöhnlich nehmen wir an, daß die Handlungen den Gefühlen folgen, daß Menschen also dann lachen, wenn sie glücklich sind. Oft aber funktioniert das anders herum. Wenn jemand genügend lacht, beginnt das innere Gefühl von Niedergeschlagenheit oder Mutlosigkeit sich zu heben.

Norman Cousins, der schwer krank im Krankenhaus lag, beschloß, in ein Hotelzimmer zu ziehen, wo er sich einer «Lachtherapie» unterzog, wie er es nannte – er schaute sich alte Filme der Marx Brothers und der «Versteckten Kamera» an. Dabei stellte er fest, daß zehn Minuten herzhaftes Lachen ihm zwei Stunden schmerzfreien Schlaf bescherten. Eine Reihe späterer Studien bestätigte das biblische Sprichwort, daß ein fröhliches Herz eine gute Medizin ist, und Aristoteles' Bemerkung: «Lachen ist eine für die Gesundheit wertvolle körperliche Übung.»

Norman Cousins hatte die Macht des Lachens schon lange zuvor kennengelernt, als er häufig das berühmte Krankenhaus von Albert Schweitzer in Lambarene besuchte. Er schreibt:

«Schweitzer benutzte den Humor als eine Art Äquatorialtherapie gegen die Hitze, die Feuchtigkeit und die Anspannung. Tatsächlich wandte er den Humor so kunstvoll an, daß man beinahe das Gefühl hatte, er betrachte ihn als musikalisches Instrument.

Das Leben war nicht leicht für die jungen Ärzte und Schwestern... Dr. Schweitzer wußte das und machte es sich selbst zur Aufgabe, sie seelisch aufzumuntern. Wenn das Personal zu den Mahlzeiten zusammenkam, gab Schweitzer immer ein oder zwei amüsante Geschichten zum besten. Das Lachen war vermutlich der wichtigste Gang der Mahlzeit. Es war faszinierend zu sehen, wie sein feiner Humor die Mitglieder des Personals zu verjüngen schien.»

Dr. William Fry Jr. von der Stanford Medical School vergleicht das Lachen mit einer Art körperlicher Übung. Es führt zu Schnaufen und Keuchen, beschleunigt den Herzschlag, erhöht den Blutdruck, steigert die Atemfrequenz und die Sauerstoffaufnahme, trainiert die Muskeln von Gesicht und Bauchdecke und entspannt andere Muskeln, die nicht am Lachen beteiligt sind. Leber, Magen, Bauchspeicheldrüse, Milz und Gallenblase werden stimuliert. Kurz gesagt, das ganze System wird angeregt und belebt.

Manche von uns sind so verbissen in ihre Aufgaben vertieft, daß sie die Gelegenheit zu solchen flüchtigen Momenten der Freude verpassen. Wenn jedoch das Lachen ein so wichtiges Gegenmittel gegen die Depression ist, wie Untersuchungen vermuten lassen, dann ist jemand, der vom Pessimisten zum Optimisten werden möchte, gut beraten, wenn er jeden Tag etwas Zeit für Spaß einplant. Ich kenne eine Frau, die Mitinhaberin einer Firma für

Inneneinrichtung ist, in der mehrere Künstler beschäftigt sind – die Art von Geschäft, in der man Primadonnen erwartet, mit denen schwer auszukommen ist. Doch die Firma hat eine bemerkenswerte Moral, und die Angestellten scheinen wirklich Freude daran zu haben, miteinander zu arbeiten. Wenn ich diese Frau morgens zur Arbeit gehen sehe (sie ist zufällig meine Ehefrau), erkenne ich einige der Gründe für den guten Gemeinschaftsgeist dieser Firma. Wenn Diane sich auf den Weg macht, ist sie entschlossen, mit den Menschen auszukommen, Liebe zu geben und zu empfangen und während des Tages Spaß zu haben und zu lachen.

Richard Hanser schreibt über Lincoln während der Jahre des Bürgerkriegs: «Humor war sein Bollwerk gegen die bitteren und blutigen Verheerungen des Bürgerkrieges. Seine hagere, hochgewachsene Gestalt, in einen flatternden Flanellmorgenrock gehüllt, pflegte um Mitternacht durch das Weiße Haus zu stapfen auf der Suche nach jemandem, der noch wach war, damit er ihm eine lustige Geschichte erzählen konnte, die er gerade gelesen hatte.»

Hanser schreibt weiter, am 22. September 1862 sei das Kriegskabinett zu einer Sondersitzung ins Weiße Haus einberufen worden. «Der Präsident las ein Buch und bemerkte mich kaum, als ich hereinkam», schrieb Kriegsminister Stanton später.

«Schließlich wandte er sich uns zu und sagte: ‹Meine Herren, haben Sie jemals etwas von Artemus Ward gelesen? Ich will Ihnen ein Kapitel vorlesen, das sehr lustig ist.›»

Dann las der Präsident ihnen einen Sketch vor. Stanton war wütend, aber Lincoln ließ sich nicht beirren und lachte am Schluß herzlich. «Meine Herren», fragte er, «warum lachen Sie nicht? Bei der angstvollen Belastung, die Tag und Nacht auf mir liegt, würde ich sterben, wenn ich nicht lachte, und Sie haben diese Medizin genauso nötig wie ich.»

Dann griff er in seinen auf dem Tisch liegenden Hut, zog ein Papier heraus und las es vor. Es war die Proklamation zur Abschaffung der Sklaverei. Stanton war überwältigt. Er stand auf, nahm Lincolns Hand und sagte: «Herr Präsident, wenn die Lektüre eines Kapitels von Artemus Ward ein Vorspiel zu einer solchen Tat ist, dann sollte das Buch in die Archive der Nation aufgenommen und der Autor heiliggesprochen werden.»

Anleitung Nr. 3: Verzichten Sie auch in schweren Zeiten nicht auf Feste

Die britische Ärztin Sheila Cassidy schreibt bewegend über die Bedeutung von Lachen und Feiern in einem Krankenhaus:

Der Unterschied zwischen Glück und Heiterkeit

«Obwohl Krankenhäuser, medizinisch gesehen, dazu da sind, die Schmerzen und Symptome derer zu lindern, bei denen eine aktive Antikrebsbehandlung nicht mehr angebracht ist, gibt es immer *etwas*, was man für die Sterbenden tun kann, und sei es nur, daß man die Geduld und den Mut aufbringt, sich zu ihnen zu setzen. Die meisten Laien stellen sich vor, Krankenhäuser seien ernste, ziemlich deprimierende Orte, wo man mit gedämpfter Stimme spricht und die Augen niederschlägt, während Patienten und ihre Familien das Unvermeidliche erwarten. Nichts könnte weiter von der Wahrheit entfernt sein. Die Pflege hier dreht sich um Leben und Liebe und Lachen, denn sie beruht auf zwei unerschütterlichen Überzeugungen: daß das Leben so kostbar ist, daß jede Minute voll ausgelebt werden sollte, und daß der Tod ganz einfach ein Teil des Lebens ist, dem man offen ins Auge sehen und den man mit ausgestreckter Hand begrüßen sollte. Feste sind ein wesentlicher Bestandteil des Lebens in unserem Krankenhaus: Sobald jemand Geburtstag oder ein Jubiläum hat, werden Kuchen gebacken und Champagner entkorkt, und Verwalter, Krankenschwestern und freiwillige Helfer stoßen mit den Patienten und ihren Familien an.»

*Anleitung Nr. 4: Benutzen Sie aufmunternde
Musik, um Ihre Stimmung zu heben*

Warum lassen japanische Firmen ihre Angestellten jeden Tag singen und Gymnastikübungen machen, bevor sie mit der Arbeit beginnen? Weil die Manager gelernt haben, daß solche Übungen die Einstellung der Angestellten verändern können. Musik kann ein wichtiges Stimulans für optimistisches Denken sein. Die Kirchen haben den Gesang schon immer in den Gottesdienst einbezogen, und Musik ist wirksamer, wenn die ganze Gemeinde mitsingt, als wenn sie nur einem Chor zuhört. Singen stärkt den Glauben.

Dr. Donn Moomaw erzählte seiner Gemeinde von einem Besuch in Colorado. «Selbst in dieser schönen Umgebung», berichtete er, «fühlte ich mich niedergeschlagen, als ich früh am Morgen durch eine verschneite Straße ging. Ich probierte mehrere Methoden aus, um diese düstere Stimmung zu vertreiben, aber nichts wirkte, bis ich es mit Singen versuchte. Das war keine sehr gute Musik – schlichte Kirchenlieder, gesungen von der Stimme eines ehemaligen Footballspielers. Doch als ich zu singen anfing – und meine Gefühle über die Worte hinaus der Musik zuwandte –, fühlte ich mich gleich wohler.»

Ein junger Mann wurde aus seinem ersten Job

entlassen und war sicher, das Ende der Welt sei gekommen. «Mit dem Pessimismus der Jugend war ich überzeugt, ich würde nie eine andere Stellung finden. Ich war als Versager gebrandmarkt. An diesem Abend war ich mit einem Freund verabredet, um die New Yorker Philharmoniker zu hören. Job oder kein Job, ich beschloß hinzugehen. Zuerst... schwappte die Musik nur gegen die steinerne Mauer meiner Angst. Doch mit der Zeit, bei der Ersten Symphonie von Brahms, begann ich wirklich zuzuhören. Ich betrachtete das Geschehen des Tages mit mehr Ruhe. War es denn wirklich so wichtig? Konnte ich nicht etwas dagegen tun? Als ich nach Hause ging, war ich nicht mehr so niedergedrückt. Irgendwie würde ich es schaffen, einen neuen Job zu finden.» Der junge Mann fand tatsächlich bald einen neuen Job, in dem er es zu beträchtlichen Leistungen brachte.

Wenn König Saul deprimiert war, rief er häufig den jungen David zu sich, damit dieser für ihn auf der Harfe spiele, und seine Melancholie ließ nach. Horaz sprach von der Musik als dem «heilenden Balsam» für Schwierigkeiten. Der englische Dichter Coleridge sagte, er fühle sich durch Musik körperlich erfrischt und gestärkt. Auch Goethe, der nicht besonders musikalisch war, empfand Musik als Labsal.

*Anleitung Nr. 5: Machen Sie einen flotten
Spaziergang*

Eines der besten Gegenmittel gegen Depression ist kräftiges körperliches Training. Bei einigen depressiven Patienten führe ich die Therapie durch, während wir einen Spaziergang durch die Straßen in der Nähe meiner Praxis machen. Oft wehren sie sich gegen diese unorthodoxe Methode und sagen, sie seien viel zu deprimiert und müde, um aus dem Sessel aufzustehen. Manchmal muß ich sagen: «Nun, versuchen wir, einen Block weit zu gehen. Wenn es Ihnen dann zuviel wird, kehren wir um.» Wenn die Leute einmal aufgestanden und in Bewegung sind, überrascht es sie gewöhnlich, wieviel besser sie sich fühlen, und wir gehen während der ganzen Stunde.

Robert Thayer, Forscher an der Universität von Kalifornien in Long Beach, führte kürzlich einen Besucher in die Cafeteria des Colleges. «Hier stärken sie sich mit süßem Gebäck und Kaffee», sagte er, «und kaufen Naschereien, um sich für ihre Kurse um halb zehn Uhr morgens ‹in Form zu bringen›. Was sie nicht wissen, ist, daß sie damit das Gegenteil erreichen.» In einer Untersuchung stellte Thayer einen Vergleich an zwischen dem Verzehr eines Schokoladenriegels und einem flotten, zehnminütigen Spaziergang. Obwohl beide Strategien eine stimmungshebende Wirkung hatten, waren die Personen, die den Schokoriegel gegessen hatten, eine Stunde später noch müder und angespannter. Diejenigen, die einen flotten Spaziergang gemacht hatten, behielten dagegen die bessere Stimmung bei.

Dies führt uns zu einer interessanten Frage, die wir betrachten müssen, ehe wir das Thema verlassen. Sind Optimisten aufgrund ihrer Einstellung gesünder, oder sind sie Optimisten, weil sie zufällig gesund sind?

Christopher Peterson, Psychologe an der Universität von Michigan, maß die optimistische oder pessimistische Einstellung von 172 Personen; ein Jahr später befragte er sie dann nach Infektionskrankheiten. Er stellte eine starke Korrelation zwischen Pessimismus und späterer Erkrankung fest. Die Pessimisten waren während des Jahres doppelt so häufig krank gewesen und hatten einen Arzt aufgesucht wie die Optimisten.

Dr. George E. Vaillant hat seit Mitte der vierziger Jahre die physische und seelische Gesundheit mehrerer hundert Harvard-Absolventen verfolgt. Zu den Daten gehören auch die Ergebnisse gründlicher körperlicher Untersuchungen, die vom fünfundzwanzigsten bis zum sechzigsten Lebensjahr alle fünf Jahre vorgenommen wurden. Neunundneunzig dieser Personen wurden von den Forschern als pessimistisch beurteilt, und während der Jahre zwischen dem Alter von fünfundvierzig und sechzig waren sie signifikant häufiger krank als die Optimisten.

Merkwürdigerweise scheint die Einstellung, die ein Mensch mit fünfundzwanzig Jahren hat, seine Gesundheit etwa zwanzig Jahre lang nicht zu beeinflussen. Wenn er jedoch mit fünfundzwanzig körperlich robust und gesund ist, dabei aber eine düstere und zynische Einstellung aufweist, können die Forscher vorhersagen, daß seine Gesundheit im mittleren Alter anfällig sein wird.

Andere Forscher haben eine wesentlich ernstere Angelegenheit untersucht. Sie befaßten sich mit neunundsechzig Frauen, die sich wegen Brustkrebs einer Mastektomie unterziehen mußten. Drei Monate nach der Operation wurden die Frauen gefragt, wie sie die Art und die Schwere ihrer Krankheit einschätzten und wie sie ihr Leben beeinflußt hatte. Fünf Jahre später waren 75 Prozent der Frauen, die eine positive, kämpferische Einstellung an den Tag gelegt hatten, noch am Leben – von denen, die entweder stoisch oder hilflos reagiert hatten, dagegen weniger als die Hälfte.

Beweist das, daß man durch eine positive Einstellung Krebs heilen kann? Nein, natürlich nicht. Viele Optimisten sterben an Krebs, und es wird noch lange dauern, bis wir alle Daten über die Beziehungen zwischen Körper und Geist kennen. Bei dieser Untersuchung beispielsweise ist nicht ganz klar, was Ursache und was Folge ist. Bringen Pessimisten sich selbst in Schwierigkeiten? Oder werden sie Pessimisten, weil sie Krankheiten wie Krebs haben? Wir besitzen konkrete Daten, die zeigen, daß Pessimisten mehr rauchen und trinken und sich weniger bewegen als Optimisten. Also läuft es auf die gleiche Frage hinaus, die die Psychologen schon lange beschäftigt: Führen unsere Patienten das Leben, das sie führen, aufgrund ihrer inneren Dämonen, oder haben sie diese Dämonen, weil sie so leben, wie sie leben?

Zweifellos funktioniert das in beiden Richtungen. Wenn Menschen ein schwieriges Leben haben, haben sie gute Gründe, pessimistisch zu sein. Andererseits zeigt die Forschung, daß Pessimisten sich selbst das Leben schwermachen und Dinge, mit denen sie ihre Situation verbessern könnten, unterlassen. Für diejenigen, die optimistischer werden möchten, ist die Frage nach Ursache und Wirkung daher im Grunde akademisch. Tatsache ist, daß wir unsere Stimmung durch einen flotten Spaziergang aufhellen können, und wir können optimistischer werden, indem wir heiter sind. William James hatte recht, als er sagte: «Das Handeln scheint auf das Fühlen zu folgen, doch in Wirklichkeit gehen Handeln und Fühlen Hand in Hand.»

9 Entwickeln Sie Ihre Fähigkeiten

> Ich konnte mich in keinem Alter damit begnügen, in einer Ecke am Kamin zu sitzen und einfach zuzuschauen. Das Leben war dazu da, gelebt zu werden. Nie darf man, aus welchem Grund auch immer, dem Leben den Rücken zuwenden. *Eleanor Roosevelt*

Ein weiteres Merkmal, das die Optimisten vom Rest der Welt unterscheidet, ist dies: Ungeachtet ihres Alters haben sie die hartnäckige Überzeugung, daß ihr persönliches Bestes erst noch kommt.

Merkmal Nummer neun ist also:

Optimisten glauben, daß sie eine fast unbegrenzte Fähigkeit zur Entfaltung haben.

Der vielleicht größte Wert des Sports liegt darin, daß solche Aktivitäten uns etwas über unsere Entwicklungsfähigkeit lehren. Durch energisches Training können wir Beweglichkeit und Fitneß unseres Körpers steigern, so daß er nach bemerkenswert kurzer Zeit mehr leistet, als wir gedacht hatten. Früher machten einige Experten den Fehler, zu behaupten, die Grenze für Schnelligkeit oder Kraft oder Ausdauer des menschlichen Körpers sei erreicht und in einigen Sportarten würden keine neuen Rekorde mehr aufgestellt werden. So etwas sagen sie heute nicht mehr, denn immer wieder kommt jemand und erzielt einen neuen Weltrekord. So ist beispielsweise von den vielen Anzeichen für den Fortschritt der Frauen in den letzten Jahren keines so drastisch wie die Zeit von 2 Stunden, 25 Minuten und 30 Sekunden, in der Ingrid Kristiansen 1989 den New Yorker Marathon gelaufen ist. Damit war sie nicht nur die Siegerin des Tages; ihre Zeit bedeutete auch, daß der Rekord der Frauen in nur zwanzig Jahren *um mehr als eine Stunde* verbessert worden war. Sie war schneller als die Hälfte aller männlichen Gewinner des olympischen Marathons und als *alle* Männer, die 1970 am New Yorker Marathon teilgenommen hatten.

Die Entwicklungsfähigkeit des Gehirns

Lewis Thomas war viele Jahre lang Präsident eines bedeutenden New Yorker Krebszentrums und beschäftigte sich intensiv mit dem Gehirn. In einem seiner Bücher macht er sich Gedanken über die Verbindung eines einzelnen Spermiums und eines Eis, die sich zu einem achtpfündigen Baby auswachsen. Das wirklich Erstaunliche, sagt er, ist, daß jeder von uns als einzelne Zelle beginnt, die sich dann in zwei, vier und schließlich acht Zellen teilt, und daß in einem bestimmten Stadium ein Cluster von Zellen auftaucht, aus dem das menschliche Gehirn hervorgehen wird.

«Die bloße Existenz dieser speziellen Zellen», schreibt Thomas, «sollte eine der staunenswertesten Tatsachen der Welt sein. Eine Gruppe von Zellen wird eingeschaltet, damit aus ihr der milliardenzellige, massive Apparat von Denken und Vorstellung entsteht. Alle Informationen, die nötig sind, um zu lesen, zu schreiben und Klavier zu spielen.»

Die Fähigkeit des Gehirns ist nahezu unerschöpflich. Niemand weiß genau, wie viele Zellen das Gehirn enthält, doch die Schätzungen bewegen sich zwischen zehn und zwölf Milliarden, von denen jede einen Satz mikroskopischer Fühler hat, die elektrochemische Botschaften von einer Zelle zur anderen weitergeben. Während Sie diese Seite gelesen haben, haben Millionen solcher Schaltungen stattgefunden und Ihnen ermöglicht, die Gedanken aufzunehmen, sie mit Ihren früheren Erfahrungen zu verknüpfen, Bilder zu schaffen und die Daten abzuspeichern. Dr. Ralph W. Gerary, Neurophysiologe an der Universität von Michigan, schätzte einmal, daß nach siebzigjähriger Aktivität das Gehirn bis zu fünfzehn Billionen einzelne Informationsstückchen enthalten dürfte.

Warzen und die Macht des Geistes

Optimisten glauben nicht, daß ihr Gehirn notwendigerweise besser ist als das anderer Leute. Sie glauben, daß wir *alle* fähig sind, bemerkenswerte Dinge zu leisten.

Nehmen Sie eine einfache Warze. Mehrere sorgfältige Untersuchungen erfahrener klinischer Forscher zeigen, daß Warzen durch etwas zum Verschwinden gebracht werden können, das man nur als Denken bezeichnen kann. Bei einer Untersuchung wurden vierzehn Patienten mit scheinbar unbehandelbaren Warzen auf beiden Körperseiten hypnotisiert. Sie erhielten die Suggestion, alle Warzen auf einer Körperseite würden verschwinden. Nach mehreren Wochen waren die Ergebnisse unbestreitbar positiv. Bei neun Patienten waren alle oder fast alle Warzen auf der suggerierten Seite verschwunden, während die auf der anderen Körperseite sämtlich noch vorhanden waren.

Lewis Thomas sagt über diese Untersuchung, er habe versucht, die Natur der vom Unbewußten ausgegebenen Instruktionen zu erkennen, die spezifische Befehle zur Entfaltung der verschiedenen

Arten von Lymphzellen in der richtigen Reihenfolge auslösten, um die eine Gruppe von Warzen zu entfernen, und die gleichzeitig dafür sorgten, daß die Warzen auf der anderen Körperseite intakt blieben. Thomas sagt, er könne nur den Schluß ziehen, «daß mein Unbewußtes sehr viel weiter ist als ich».

Optimismus und die späteren Jahre

Diese Daten über die Entwicklungsfähigkeit des menschlichen Geistes und Körpers sind sehr relevant für die Behandlung von Depressionen bei älteren Menschen. Fünfzehn Prozent der Senioren leiden unter Depressionen; dieser Prozentsatz ist doppelt so hoch wie der unter der Gesamtbevölkerung. Das ist nicht überraschend, denn wenn wir älter werden, können wir eine Besessenheit für die Dinge entwickeln, zu denen wir nicht mehr fähig sind. Zweifellos kommt es mit dem Alter zu einem Nachlassen der Kräfte. Der Körper verliert beispielsweise etwas von seiner Beweglichkeit. Doch wenn wir diesen Verlusten nachtrauern wollten, hätten wir damit schon viel früher anfangen müssen. Unsere Augen begannen mit zehn Jahren zu altern, unser Gehör mit ungefähr zwanzig. Mit dreißig haben unsere Muskelkraft, unsere Reaktionsschnelligkeit und unsere Zeugungskraft ihren

Höhepunkt überschritten. Unser Geist dagegen kann mit fünfzig noch jung sein. Und mit achtzig können wir geistig-seelisch produktiver sein als mit dreißig, weil wir etwas besitzen, das wir mit dreißig noch nicht hatten: Erfahrung.

Das *Wall Street Journal* berichtet, wie Harry Lipsig mit achtundachtzig Jahren beschloß, die New Yorker Anwaltsfirma zu verlassen, mit deren Aufbau er fast sechzig Jahre zugebracht hatte (und wo er fünf Millionen Dollar im Jahr verdiente), um eine neue Firma zu gründen. Es hatte einige Differenzen mit seinen jüngeren Partnern gegeben, die an seiner Fähigkeit zweifelten, lange Gerichtsverhandlungen durchzustehen. (Ein Richter erinnerte sich, daß Mr. Lipsig gesagt hatte, er sterbe seinen Partnern nicht schnell genug.)

Im Jahre 1988 beschloß Mr. Lipsig also, zum ersten Mal seit längerer Zeit einen Fall persönlich zu vertreten. Und dies ist die Analyse des *Journal*:

«Die Klägerin verklagte die Stadt New York, weil ein betrunkener Polizist mit seinem Streifenwagen ihren einundsiebzigjährigen Ehemann angefahren und getötet hatte. Sie legte dar, die Stadt habe sie der zukünftigen Verdienstmöglichkeiten ihres Gatten beraubt. Die Stadt vertrat die Meinung, seine Verdienstmöglichkeiten seien im Alter von einundsiebzig Jahren nur noch gering. Welchen besseren Gegenbeweis konnte die Klägerin anführen als die Anwesenheit eines vitalen achtundachtzigjährigen Anwalts bei der Verhandlung? Die Stadt stimmte einem Vergleich zu und erklärte sich bereit, 1,25 Millionen Dollar zu zahlen.»

Lipsig begann seine neue Firma mit nur einem Partner und einem Assistenten. In seinem neuen Büro, das mit siebzehn Telefonleitungen ausgestattet ist, sagt Mr. Lipsig, er könne gar nicht glücklicher sein. Er räumt ein, sein Gedächtnis sei nicht mehr das, was es früher war, doch bei Verhandlungen mit Mandanten sind Assistenten anwesend, die ihn an Einzelheiten erinnern, und er sagt, er habe mit mehreren anderen Firmen vereinbart, daß sie ihm als Berater zur Seite stehen.

In Pension gehen? Niemals, sagt er. Lächelnd merkt er an, im Laufe der Jahre hätten ihm einige Ärzte dazu geraten, aber die seien alle schon gestorben.

Samuel Ullman hat gesagt, niemand werde alt, nur weil er eine Anzahl von Jahren gelebt habe. Man wird alt, wenn man seine Ideale aufgibt. Optimisten lassen nicht zu, daß die Beschwerlichkeiten des Alters sie beherrschen. Sie sind besessen von dem Neuen, das sie lernen, der neuen Fähigkeit, die sie erwerben, dem neuen Projekt, das sie unterstützen. Gewöhnlich tun sie das, womit sie ihren Lebensunterhalt verdienen, gern, und sie haben große Pläne für die Zukunft. Wenn sie in Pension gehen, dann nur, um sich mit anderen Dingen zu beschäftigen.

Konrad Adenauer, der mit achtzig noch westdeutscher Bundeskanzler war, mußte sich einmal mit Grippe zu Bett legen. Sein Arzt sagte ihm, er sei kein Zauberer und könne ihn nicht wieder jung machen. Begierig, wieder an die Arbeit zu gehen, antwortete Adenauer ihm, das habe er gar nicht verlangt. Er wolle nicht wieder jung werden, sondern nur mit dem Altwerden fortfahren.

Das Dilemma schwindender Schönheit

Den vielleicht schwersten Kampf mit dem Altern tragen Sportler und Schauspieler aus, die «beautiful people», die sich durch körperliche Leistung oder Schönheit ausgezeichnet haben. Es gibt nichts Traurigeres als den abgehalfterten Sportler, der sich körperlich hat gehenlassen und weiß, daß seine Zeit vorbei ist. Oder eine Schauspielerin, deren jugendliches Bild noch immer in Spätfilmen erscheint, die sich aber nicht mehr öffentlich zeigen will, weil die Jahre ihren Tribut gefordert haben.

Sophia Loren, die mit fünfzig Jahren in fünfundsiebzig Filmen mitgewirkt hatte, sagte: «Es *gibt* einen Jungbrunnen: das ist unser Geist, unsere Begabungen, die Kreativität, die wir in unser Leben

und das Leben derer einbringen, die wir lieben...
Frauen tun heute Dinge, die ihre Mütter sich nie
hätten träumen lassen. Ich betrachte es als großes
Glück, in einer Zeit zu leben, in der Frauen immer
eine Zukunft haben, ganz gleich, wie alt sie sind.»

In Robert Brownings Gedicht «Rabbi Ben Ezra»
steht der folgende Vers:

«Werde mit mir alt,
das Beste kommt erst noch.»

Zyniker rümpfen über solche Aussagen die Nase
und behaupten, Browning habe nichts von der Hölle
des Alters gewußt. Ich beschloß, diesen Idealismus
an einer Freundin zu erproben, die ich sehr bewundere und die mit dreiundachtzig Jahren von sich
behauptet, sie sorge dafür, daß fünf verschiedene
Fachärzte zu tun haben. Ich las ihr das Gedicht vor
und fragte, ob sie es für bloße Sentimentalität halte.

Sie setzte sich hin und dachte einen Augenblick nach. «Ja, vielleicht hat Browning ein bißchen
übertrieben», sagte sie. «Das Alter ist nichts für
Schwächlinge.» Dann trat ein Zwinkern in ihre Augen. «Aber eines will ich dir sagen», meinte sie und
beugte sich vor. «Ich würde diese Jahre lieber mit
einem Mann verbringen, der sagt: ‹Werde mit mir
alt, das Beste kommt erst noch›, als mit einem quengeligen Opa, der nur am Fenster sitzt und sein
Schicksal verflucht.»

10 Wie Liebe den Optimismus nährt

> Liebe wird zur letzten Antwort auf die
> letzte menschliche Frage.
>
> *Archibald Macleish*

Viele Menschen ziehen sich zurück, wenn sie Depressionen haben oder sehr niedergeschlagen sind, sie lassen die Jalousien herunter, spinnen sich in einen Kokon ein und hören auf, ihre Freunde zu sehen. Das ist das schlechteste, was man tun kann. Auf die Frage, wie man am besten eine positive Stimmung herbeiführen könne, antwortete die Psychologin Lee Anna Clark: «Ich konnte es nicht glauben, aber es traf bei allen meinen Versuchspersonen zu. Wenn Menschen die Gesellschaft anderer Menschen aufsuchten, berichteten sie in 82 Prozent der Fälle, daß sich ihre Stimmung gebessert hatte.»

Wenn ich an die stark optimistischen Personen denke, die ich kenne, dann fällt mir die Tiefe und die Vielfalt ihrer Beziehungen auf. Wie sie lieben! Sie lieben viele Dinge leidenschaftlich – Sport, Natur, Musik. Vor allem aber lieben sie Menschen. Sie reagieren begeistert auf Kinder, sie sind tief mit ihrer Familie verbunden, sie gehen auf Menschen ein, die Probleme haben, sie haben viel körperliche Berührung und vollziehen oft den Liebesakt. Diese Fähigkeit, andere zu bewundern, ist eine starke Kraft, die auch ihren Optimismus erklärt.

Merkmal Nummer zehn ist also:

Optimisten bauen viel Liebe in ihr Leben ein.

Es ist nicht sonderlich originell, wenn ich feststelle, daß nicht die Menschen am meisten geliebt werden, die gut aussehen oder geistreich sind oder eine charismatische Persönlichkeit haben, sondern diejenigen, die der Liebe Aufmerksamkeit widmen, die sie schätzen, wenn sie sie finden, und die ihr Wachstum in dauerhaften Beziehungen nähren. «Liebe stirbt nie eines natürlichen Todes», schrieb Anaïs Nin einmal. «Sie stirbt, weil wir nicht wissen, wie wir ihre Quelle wieder auffüllen sollen; sie stirbt an Blindheit und Irrtümern und Verrat. Sie stirbt an Krankheit und Wunden; sie stirbt an Müdigkeit, Verachtung, Abstumpfung.» Und der Autor Robert Anderson sagt über die Liebe in der Ehe: «In jeder Ehe, die älter als eine Woche ist, gibt es Gründe zur Scheidung. Der Trick besteht darin, immer wieder Gründe für die Ehe zu finden.»

Wie Liebe den Optimismus nährt

Der Historiker Will Durant beschreibt, wie er das Glück im Wissen, in Reisen, in Reichtum suchte und immer wieder enttäuscht wurde. Eines Tages fuhr er in einem Zug und wurde Zeuge einer kurzen Szene. Eine Frau wartete in einem winzigen Auto, mit einem schlafenden Kind in den Armen. Ein Mann stieg aus dem Zug, ging zu dem Auto und küßte sanft zuerst die Frau und dann das Baby, sehr vorsichtig, um es nicht zu wecken. Dann fuhr die Familie zusammen fort und ließ Durant mit der verblüffenden Erkenntnis zurück, daß «jede normale Funktion des Lebens eine Freude enthält».

Als Admiral Richard E. Byrd glaubte, er werde im antarktischen Eis des Ross Barrier sterben, schrieb er einige Gedanken über das Glück nieder: «Ich erkannte, daß mir entgangen war, daß die einfachen, schlichten, unprätentiösen Dinge des Lebens die wichtigsten sind. Wenn ein Mensch ein gewisses Maß an Harmonie mit sich selbst und seinem Familienkreis erreicht, erreicht er den Frieden. Am Ende sind für den Menschen nur zwei Dinge wirklich wichtig, ganz gleich, wer er ist: die Zuneigung und das Verständnis seiner Familie.»

Bill Cosby war sechsundzwanzig, als er nach einem Jahr als Schauspieler in Nebenrollen die neunzehnjährige Universitätsstudentin Camille Hanks heiratete – schön, intelligent, kultiviert, begabt und genauso willensstark wie Cosby. Ein

Freund der Familie sagte: «Sie ist der Wind unter seinen Flügeln.»

«Mein heutiges Leben», sagt Cosby, «ist sehr glücklich. Es ist ein Glück, tief verbunden zu sein, zu wissen, daß es jemanden gibt, dem ich völlig vertrauen kann, und daß die, der ich vertraue, die ist, die ich liebe. Mit ihrer Kraft und Hilfe kann ich nur besser werden, und das möchte ich, denn ich möchte, daß sie stolz auf mich ist.»

Die Notwendigkeit der Liebe

Das Selbst, das mit niemandem verbunden ist, ist ein machtloses Ding; der Wunsch, zu lieben und geliebt zu werden, ist also nicht selbstsüchtiger als das Atmen. Lisa Berkman und ihre Kollegen an der Universität von Kalifornien haben eine neunjährige Untersuchung an siebentausend Erwachsenen durchgeführt. Sie stellten fest, daß die Sterberate bei Personen mit schwachen sozialen Bindungen zwei- bis fünfmal höher war als bei solchen mit starken sozialen Bindungen. Eine Studie an der Universität von Syracuse untersuchte die gesundheitlichen Gewohnheiten von vierhundert Erwachsenen. Dabei stellte sich heraus, daß Menschen, die häufig Freunde und Nachbarn sahen, mit größerer Wahrscheinlichkeit gesunde Gewohnheiten hatten als Menschen, die wenig Zeit mit anderen verbrachten.

Bei einer israelischen Untersuchung wurden zehntausend verheiratete Männer im Alter von vierzig Jahren fünf Jahre lang beobachtet. Die Forscher wollten herausfinden, wie sich neue Fälle von Angina pectoris, einer Herzerkrankung, entwikkeln. Sie bewerteten bei jedem Mann die medizinischen Risikofaktoren für eine Herzerkrankung und stellten dann auf einem Fragebogen unter anderem die Frage: «Zeigt Ihre Frau Ihnen ihre Liebe?» Die Antwort erwies sich als ungeheuer vorhersagekräftig. Von den Männern mit hohem Risiko – erhöhter Cholesterinspiegel, elektrokardiographische Abnormitäten, hohes Angstniveau – erkrankten diejenigen, die liebevolle und unterstützende Ehefrauen hatten, seltener an Angina pectoris als diejenigen, deren Frauen kühler waren (52 pro 1000 im Vergleich zu 93 pro 1000).

Die Therapie des Dienens

Was meinen wir mit der Liebe, die den Optimismus nährt? Solche Liebe ist wesentlich mehr als die Suche nach Beziehungen, die uns nähren. Wenn sie echt ist, hat Liebe auch den Wunsch, andere zu nähren. Ich versuche oft, depressive Patienten mit jemandem in Kontakt zu bringen, dem sie helfen können, denn einer anderen Person einen Gefallen erweisen, hat eine therapeutische Wirkung. «Das Leben ist eine aufregende Sache», hat Helen Keller einmal gesagt, «und am aufregendsten ist es, wenn es für andere gelebt wird.»

Ein weiser Geistlicher, den ich kenne, wurde einmal von einer Witwe konsultiert, die sich in der Zeit um Thanksgiving herum sehr leid tat, weil sie allein und sehr deprimiert war. Der Pastor sagte: «Ich schreibe Ihnen ein Rezept aus.» Dann schrieb er auf ein Stück Papier den Namen und die Adresse eines alten Ehepaars, das arm und an Grippe erkrankt war. «Diesen Menschen geht es sehr viel schlechter als Ihnen», sagte er unverblümt. «Gehen Sie hin und tun Sie etwas für sie.»

Unzufrieden ging die Frau nach Hause, aber am nächsten Tag nahm sie ein Taxi und fuhr zu der angegebenen Adresse. Dort traf sie das Ehepaar in einer winzigen Wohnung an. Sie waren kaum in der Lage, sich etwas zu essen zu machen, und hatten Angst, einer von ihnen müsse in ein Pflegeheim. Also bereitete die Frau für sie das Festessen zum Thanksgiving-Tag und brachte es ihnen. Als sie in der folgenden Woche wieder den Geistlichen aufsuchte, machte sie einen viel vitaleren Eindruck. «Ich hatte seit Jahren keinen Truthahn mehr gebraten», sagte sie. «Aber ich kaufte alles Notwendige ein und stand um fünf Uhr morgens auf, um den Vogel in den Ofen zu schieben. Als der Taxifahrer mich mit dem Essen zu dem Ehepaar gebracht hatte, feierten wir das schönste Thanksgiving seit Jahren.»

Der Drehbuchautor und Oscarpreisträger Robert Towne erzählt, wie seine Karriere 1982 auf einmal einen Knick erlitt. Um die gleiche Zeit führte er mit seiner Exfrau einen erbitterten Kampf um das Sorgerecht für die Kinder und war niedergedrückt über den Tod eines Hundes, den er «schamlos geliebt» hatte.

«Ich spazierte einen verlassenen Strand entlang, der voller Abfall aus der Santa Monica Bay war, und hatte das Gefühl, mir sei nichts geblieben», sagte Towne. «Am Strand war ein Mann mit seiner Frau, und er kam auf mich zu und sagte: ‹Entschuldigen Sie, aber wir haben einen Fehler gemacht. Wir sind hier herausgekommen, aber wegen des Busstreiks sind unsere Transfertickets ungültig, und wir können nicht wieder in die Stadt gelangen. Können Sie uns helfen?› Ich griff in die Tasche und gab ihnen alles Geld, das ich bei mir hatte.

Dann wurde mir klar, daß dies das Beste war, das jemand für mich hätte tun können. Ich fühlte mich vollkommen ohnmächtig, und hier am Strand war ein Mensch, für den ich etwas tun konnte. Ich hatte nicht mehr das Gefühl, vollkommen nutzlos zu sein, und dachte, irgendwie würden die Dinge schon wieder in Ordnung kommen.»

Die Kraft der Freundschaft

Mit all dem will ich nicht sagen, daß man verheiratet sein und Kinder haben muß, um glücklich zu sein. Es hilft, wenn man eine große Familie hat, deren Mitglieder einander mögen und sich umeinander kümmern, aber das ist nicht jedem möglich. Darum ist Freundschaft sehr wichtig für die seelische Gesundheit. Ich sehe viele Menschen, die sich von ihren Freunden zurückziehen, wenn sie deprimiert sind. Ihre Einsamkeit macht sie immer weniger umgänglich, und das wiederum vertreibt die Freunde. Dieser Vorgang ist ein Teufelskreis. Dagegen können die meisten von uns fast jede Niederlage ertragen, wenn es einige Menschen gibt, die uns lieben. Es ist also wesentlich, daß wir unsere Freundschaften pflegen und regelmäßig neue Freunde erwerben, um die zu ersetzen, die aus irgendwelchen Gründen nicht mehr da sind.

Wir können ohne Sex leben, wir können leben, ohne eine Familie zu haben, aber wir können nicht ohne Liebe leben.

11 Wie Optimisten Feindseligkeit überwinden

> Zyniker sind nicht schöpferisch.
> *Calvin Coolidge*

«Ich glaube, ich habe den falschen Mann geheiratet», sagte die junge Frau in meiner Praxis. «Wir sind erst zwei Jahre verheiratet, und unsere Ehe ist im Eimer.»

Als ich anfing, einige Informationen über ihre Meinungsverschiedenheiten und Streitereien einzuholen, stellte sich heraus, daß sie keineswegs den falschen Mann geheiratet hatte. Das Paar mußte einfach lernen, wie man negative Gefühle ausdrückt, ohne die Beziehung zu zerstören. Menschen können nicht im gleichen Haus zusammenleben oder viele Stunden in der Woche irgendwo «zusammengesperrt» sein, ohne häufig aneinanderzugeraten und sich auch gelegentlich auf die Zehen zu treten.

Der Unterschied zwischen Feindseligkeit und Wut

Da Liebe eine notwendige Zutat zum Aufbau von Optimismus ist, müssen wir dem Thema einige weitere Seiten widmen, ehe wir zum nächsten Merkmal kommen. Wir werden vor allem über Dinge wie Feindseligkeit und Krittelei reden, die der Liebe im Wege stehen.

Eine Fülle neuer Studien kommt zum gleichen Ergebnis: Menschen, die chronisch feindselig sind, die die Welt durch eine Brille aus Argwohn und Zynismus sehen, lassen nicht nur einen Scherbenhaufen hinter sich, sondern verkürzen auch ihr eigenes Leben. Feindseligkeit ist selbstmörderisch, sagt Dr. Redford Williams, Internist und medizinischer Verhaltensforscher am Duke University Medical Center. Vor dreißig Jahren prägten zwei Kardiologen aus San Francisco, Dr. Meyer Freidman und Dr. Ray Rosenman, den Begriff *Typ A* für einen Menschen, der ehrgeizig und konkurrierend ist, immer in Eile und verbissen auf die Arbeit konzentriert. Ihren Forschungen zufolge sollte ein solcher Mensch anfälliger für Herzerkrankungen sein.

Viele von uns hatten ihre Zweifel an diesen Forschungsergebnissen, denn es schien auf der Hand zu liegen, daß Menschen, die tätig bleiben und sich intensiv ihrer Arbeit widmen, gewöhnlich glücklich und gesund sind. Doch Williams' Arbeit macht nun die Ergebnisse der früheren Forschungen sehr viel deutlicher. Er zeigt, daß vor allem eine Gruppe von Menschen des Typs A gefährdet ist: wütende, feindselige Menschen. Er verwendete einen weitverbreiteten psychologischen Test, der unter anderem den Grad der Feindseligkeit mißt, und stellte fest, daß bei Medizinstudenten mit feindseliger Einstellung das Risiko eines Herzinfarkts fünfmal höher lag als bei nicht feindseligen. Eine ähnliche Studie untersuchte fünfhundert Anwälte, die als Studenten dem Test unterzogen worden waren. Bei denjenigen mit den höchsten Werten auf der Feindseligkeitsskala war die Wahrscheinlichkeit, daß sie drei Jahrzehnte später an Herzkrankheiten oder aus anderen Ursachen gestorben waren, 4,2 mal höher.

Was tun gegen Feindseligkeit?

Was sollten Sie tun, wenn Sie Feindseligkeit empfinden? Die Antwort lautet nicht, Sie sollten versuchen, ohne jede Wut zu leben und alle Ihre Frustrationen hinunterzuschlucken. Keine der Forschungsarbeiten kommt zum Schluß, es sei ungesund, von Zeit zu Zeit Wut zu zeigen. Im heutigen Leben gibt es viele Situationen, die anderen Menschen gegenüber Frustration erzeugen, und es kann gesund sein, sie angemessen zu äußern. Dr. Williams sagt, problematisch werde es dann, wenn die Feindseligkeit chronisch und ein ständiges Persönlichkeitsmerkmal wird.

Dagegen kann man angehen, indem man das entwickelt, was Dr. Williams als vertrauensvolles Herz bezeichnet, und er nennt zwölf Schritte, um eine entgegenkommendere, freundlichere Einstellung zu entwickeln. Einige dieser Schritte liegen auf der Hand; so soll man etwa lernen, sich mittels Meditation zu entspannen. Eine überraschend große Zahl seiner Vorschläge jedoch ist der kognitiven Therapie nachgebildet, von der wir in einem früheren Kapitel sprachen. Menschen, die lernen, auf ihre Gedanken zu achten, und dabei entdecken, daß sie andere nachtragend und kritisch beurteilen – gewohnte Denkweisen über andere, die uns zu Pessimisten machen –, können diese Einstellung durch vernünftigere Reaktionen ersetzen. Wenn beispielsweise ein Aufzug lange braucht, um zu kommen, denken Sie an einen guten Grund, warum er unterwegs aufgehalten worden sein könnte, statt gegen die Gedankenlosigkeit irgendeiner imaginären Person zu wettern, die sein Kommen verzögert. Versuchen Sie, Dinge vom Standpunkt des anderen aus zu sehen, sagt Williams. Einfühlung kann Verärgerung mildern.

In Wirklichkeit sprechen wir hier natürlich über die Tugend der Toleranz. In einem Kloster sah ich einmal folgenden Spruch an der Wand hängen: «Liebe kommt zu denen, die fähig sind, die menschliche Natur so zu akzeptieren, wie sie ist.» Als Jesus uns aufforderte, uns statt um den Splitter in unseres Bruders Auge um den Balken in unserem eigenen zu kümmern, meinte er eigentlich, wir sollten über uns selbst lachen – über unsere Tendenz, uns über die Schwächen anderer aufzuregen, während wir selbst doch auch Schwächen haben – manchmal viel größere. Je entspannter wir unserer Unvollkommenheit gegenüber sind, desto toleranter werden wir gegenüber der Welt insgesamt.

Die Fähigkeit zu verstehen

Auf Dr. Williams' Liste der Methoden, wie feindselige Menschen sich vom Streß befreien können, kommt ein Punkt vor, den man von Kardiologen sonst gewöhnlich nicht hört. Er empfiehlt Nachsicht:

«Statt denjenigen Vorwürfe zu machen, die Ihnen etwas angetan haben, statt ihnen weiter zu grollen und nach Rache zu streben, versuchen Sie, die Emotionen dessen zu verstehen, der Ihnen Unrecht getan hat. Wenn Sie Ihren Groll und den

Wunsch nach Rache aufgeben, merken Sie vielleicht..., daß sich das Gewicht der Wut von Ihren Schultern hebt, Ihren Schmerz lindert und Ihnen auch hilft, das Unrecht zu vergessen.»

Jeder von uns hat Schwierigkeiten, Menschen zu verzeihen, vor allem solchen, die wenig liebenswert sind und immer wieder die gleichen Fehler uns gegenüber machen. (Die Ironie dabei ist, daß solche nicht besonders liebenswerten Menschen diejenigen sind, die am meisten Liebe brauchen.) Williams weist hier auf etwas sehr Wichtiges hin, wenn er uns auffordert, wir sollten versuchen, die Gefühle des Menschen zu verstehen, der uns Unrecht getan hat. Denn Verständnis und Liebe sind nicht zweierlei, sondern ein und dasselbe. Wir haben alle schon die Erfahrung gemacht, daß wir eine Person beim ersten Kennenlernen nicht mochten; nachdem wir aber mehr über ihre Geschichte erfahren und andere Facetten ihrer Persönlichkeit kennengelernt hatten, ertrugen wir sie viel besser und lernten vielleicht sogar in einigen Fällen, sie zu lieben.

Robert Fulghum, der weise Autor von Büchern wie «Alles, was Du wirklich wissen mußt, hast du schon als Kind gelernt» schreibt, je mehr wir über die menschliche Natur lernen, desto eher werden wir vorgefaßte Meinungen über Menschen anzweifeln. Er sagt, daß es ihn oft überrascht, wenn beispielsweise ein fettes, unattraktives Ehepaar aufsteht, zur Tanzfläche geht und einen phantastischen Walzer hinlegt. «Wenn ich solche Leute auf der Straße sehe», schreibt er, «und anfange, sie herablassend zu betrachten, dann sagt eine klügere Stimme in meinem Kopf: ‹Wahrscheinlich Tänzer›, und ich habe ein besseres Gefühl ihnen gegenüber. Und auch mir selbst gegenüber.»

Motivieren Sie Ihre Angestellten

Wenn ich in Konzernen spreche und Vorstandsvorsitzende oder erfolgreiche Manager treffe, frage ich sie immer nach ihrem Erfolgsgeheimnis, und mit bemerkenswerter Häufigkeit erhalte ich die gleiche Antwort: «Ich habe gute Leute, die für mich arbeiten.»

Die Frage ist also, ob diese Führungskräfte erfolgreicher sind, weil sie wissen, wie man begabte Mitarbeiter findet, während andere das nicht wissen? Vielleicht ist das ein Teil ihres Geheimnisses, aber ich glaube, wichtiger ist eine fundamentale Sicht der menschlichen Natur, die hinter dieser Bemerkung steht. Sie glauben an Menschen, sie haben Freude daran, mit Menschen zu arbeiten, und es macht ihnen großen Spaß, andere aufzubauen. Das Resultat ist eine starke Loyalität ihrer Mitarbeiter.

Manche rücken aufgrund ihrer Selbstdisziplin schnell zum Manager auf, aber haben dann Probleme bei der Zusammenarbeit mit Angestellten, die diesen Antrieb nicht teilen. Es ist leicht, auf einen Mitarbeiter wütend zu werden, wenn man denkt: «Warum reißt er sich nicht zusammen und tut, was ich von ihm verlange? Er hat mehr Entschuldigungen für lausige Leistungen als jeder andere, mit dem ich je gearbeitet habe. Wahrscheinlich sitzt er an seinem Schreibtisch und denkt sich absichtlich Dinge aus, mit denen er mich frustrieren kann! Wie könnte ich wohl dafür sorgen, daß er gefeuert wird?»

Solche Gedankengänge, selbst wenn man sie nur kurze Zeit hat, können einen normalerweise rationalen Menschen dazu bringen, in unvernünftige Wut auszubrechen und eine ohnehin schon brüchige Beziehung vollends zu ruinieren. Besser wäre ein Gedankengang wie der folgende: «Es muß doch eine Möglichkeit geben, diesen Burschen auf Trab zu bringen. Er ist nicht dumm, und wahrscheinlich wünscht er sich genauso, in seinem Beruf Erfolg zu haben, wie ich das möchte. Einstweilen will ich also davon ausgehen, daß er gute Absichten hat und aus seinem Tran herauskommen will. Wenn ich ihn feuere und jemand neuen einstelle, könnte das gleiche Problem wieder auftreten. Ich sollte ihn fragen, wo er das Problem sieht, bevor ich übereilte Schlüsse ziehe. Vielleicht können wir uns zusammensetzen und einen Weg finden, ihn zu motivieren.»

Praktische Optimisten sind keine Dummköpfe und lassen sich auch nicht übertölpeln, sondern haben die Fähigkeit, aus anderen Menschen das Beste herauszuholen.

Der Glaube an die Menschen

Die besten Anführer haben eine sehr hohe Meinung von der Würde des Menschen. Leider entwickeln manche Menschen, wenn sie älter werden oder einige Jahre Erfahrung in Dienstleistungsberufen haben, eine zynische Einstellung zur menschlichen Natur und vergessen, die Würde jedes Individuums zu respektieren. Man sieht das oft bei Leuten in der Marketing-Branche, und unter Geistlichen, Lehrern und Psychotherapeuten ist es sogar vorherrschend. Bei der Supervision junger Therapeuten mache ich mir Sorgen um diejenigen, die ihre Patienten mit einer gewissen Herablassung in Schubladen einordnen. Vielleicht versuchen sie nur, sich abgeklärt zu geben, aber diese Therapeuten scheinen nicht sehr interessiert an den Geschichten ihrer Klienten, und das ist ein schlechtes Zeichen.

Wie Optimisten Feindseligkeit überwinden

Ein Gegenbeispiel ist mein Partner, Dr. Taz Kinney, der seit fast vierzig Jahren im Beruf steht, zuerst als Allgemeinarzt und dann als Psychiater. Er ist der strengste Diagnostiker, den ich kenne, doch nach all diesen Jahren der Arbeit mit gestörten Patienten (viele aus Familien, die schon in der zweiten oder dritten Generation von Sozialhilfe leben) ist er noch immer aufrichtig interessiert an allen Einzelheiten ihres Lebens. Ich weiß das, weil ich manchmal an der Kaffeemaschine stehe, wenn er einen neuen Patienten in sein Sprechzimmer bittet; ich höre, wie er die Leute begrüßt, und ich höre die scherzhaften Bemerkungen, wenn er sich anschickt, ihnen eine Spritze zu geben. Es ist offensichtlich, daß er an ihnen Dinge findet, an denen er sich freuen und die er bewundern kann, und er ist nicht beleidigt, wenn sie nicht alle gesund werden. Einige der jüngeren Therapeuten in unserer Praxis kommen mit dem messianischen Vorsatz, jedermann zu heilen, und sie können sehr frustriert sein, wenn ihre Patienten nicht mit der erwünschten Geschwindigkeit gesund werden. Als ehemaliger Hausarzt ist Dr. Kinney geduldig, und manchmal zitiert er das Motto eines Landarztes. Es lautet:

Die Aufgaben des Arztes:
– Gelegentlich heilen.
– Oft helfen.
– Immer trösten.

Eine langerwartete Studie des National Institute of Mental Health hat überraschende Aufschlüsse über die jeweilige Wirksamkeit verschiedener Therapiearten bei depressiven Patienten erbracht. In einer Langzeituntersuchung wurden unter Mitwirkung von achtundzwanzig Therapeuten und 250 Patienten vier verschiedene Therapieformen verglichen. Es handelte sich um folgende: 1. medikamentöse Therapie mit einem gebräuchlichen Antidepressivum; 2. kognitive Therapie; 3. interpersonale Therapie, bei der den Patienten beigebracht wird, ein besseres soziales Netz aufzubauen; und 4. «klinisches Management», was wenig mehr war als die interessierte Anteilnahme eines Arztes an dem Patienten plus einem Placebo, also einer Pille ohne Wirkstoff. Letztere Methode war fast genauso wirksam wie die anderen. Die Patienten sahen regelmäßig zwanzig oder dreißig Minuten lang einen Arzt, der keine formelle Psychotherapie anbot, sondern Anteilnahme an den Höhen und Tiefen des Patienten, mitfühlende Neugier und «aufmerksames Warten» zeigte. Offenbar ist es also nicht so wichtig, welche Methode angewandt wird, sondern daß depressiven Menschen beständiges Interesse und Mitgefühl gezeigt wird.

Unsere Einstellung den Menschen gegenüber entscheidet weitgehend darüber, wie sie auf uns reagieren. Lou Tice sagt: «Man bekommt im Leben vielleicht nicht das, was man sich *wünscht*, aber man bekommt das, was man *erwartet*.» Wenn Sie von Ihren Kunden erwarten, daß sie Sie als Bürger zweiter Klasse behandeln, weil Sie Vertreter sind, wenn Sie erwarten, daß sie Ihr Produkt schlechtmachen und Ihnen sagen, Ihre Preise seien zu hoch, dann werden sie das vermutlich auch tun. Wenn Sie dagegen erwarten, daß es sich um wohlmeinende Menschen handelt, die Ihr Produkt brauchen und Ihnen vertrauen möchten, dann werden sie sich Ihnen gegenüber wahrscheinlich auch so verhalten. Die Erwartungshaltung ist der Schlüssel.

Neulich machte ich in einem Flugzeug den Fehler, der neben mir sitzenden Frau zu gestehen, daß ich Psychologe bin. «Oh», sagte sie gutgelaunt, «dann muß ich Ihnen etwas erzählen. Mein Mann hat sich völlig von der Realität entfernt.» In der folgenden Stunde schilderte sie mir, wie sehr sie Los Angeles haßte und daß sie versuchte, ihren Mann dazu zu bewegen, mit ihr nach Idaho zu ziehen. Sie haßte den Smog von Los Angeles und seine Kultur. Die Verbrechensrate sei schrecklich, der Verkehr furchtbar, niemand sei freundlich, jeder wolle den anderen übervorteilen.

Sie war eine nette Dame, und ich hoffe, sie wird in Idaho glücklich sein, aber mir ist aufgefallen, daß die Menschen, die in Los Angeles unglücklich sind, gewöhnlich auch in Idaho unglücklich sind. Diejenigen dagegen, die glauben, daß Liebe die stärkste Macht ist, die wir besitzen, finden ungeachtet der Örtlichkeit immer Erfreuliches an den Menschen in ihrer Umgebung.

Eine aufgeklärte Auffassung von Fehlern

Eine Frau, die ich sehr bewundere, hat in der Küche über dem Spülstein ein Motto hängen: «Liebe vergißt Fehler.» Optimisten hegen keinen Groll und tragen vergangenes Unrecht nicht nach. Das liegt nicht nur daran, daß sie eine hohe Meinung von den Menschen im allgemeinen haben, sondern auch daran, daß sie eine ganz bestimmte Einstellung zu Fehlern haben. Sie sehen sie als Gelegenheiten zum Lernen.

Der Manager eines IBM-Projekts, das einen Verlust von 10 Millionen Dollar verursachte, wurde zu einer Konferenz ins Vorstandszimmer gerufen.

«Ich nehme an, Sie erwarten meine Kündigung», sagte er.

«Von wegen Kündigung!» antwortete sein Chef. «Wir haben gerade 10 Millionen Dollar für Ihre *Weiterbildung* ausgegeben!»

Eine optimistische Einstellung macht Sie attraktiver

Wir haben das Thema Liebe eingehender erörtert als alle anderen, und zwar aus dem einfachen Grunde, weil man ohne Liebe niemals Optimist werden kann. Doch da Sie optimistischer werden, wenn Sie mehr lieben, ist die andere Seite der Medaille, daß Sie mehr geliebt werden, wenn Sie optimistischer sind.

Kürzlich bekam ich einen Brief von einer Patientin, die ich seit mehreren Jahren nicht mehr gesehen hatte.

«Erinnern Sie sich noch an mich?» schrieb sie. «Ich war die, die keinen Mann halten konnte.»

Ich erinnerte mich gut an sie. Sie war eine bemerkenswerte junge Frau.

«Ich habe keine Schwierigkeiten, Männer anzuziehen», hatte sie bei ihrer ersten Sitzung gleich zu Anfang gesagt. «Ganz im Gegenteil. Aber nach drei oder vier Wochen beginnt die Beziehung zu zerbröckeln. Das ist so oft passiert, daß ich weiß, es muß an mir liegen.»

Im Laufe unserer Sitzungen wurde offensichtlich, daß ihre Einstellung tatsächlich die Männer vertrieb. In ihrer Jugend war sie traumatisiert worden und hatte viele Gründe, zynisch und feindselig zu sein. Man konnte leicht erkennen, warum die

Männer trotz ihres guten Aussehens nach ein paar Verabredungen das Interesse verloren.

Während unserer Gespräche sagte sie, um bei Männern Erfolg zu haben, müsse sie ihre Einstellung ändern, das sei ihr klar, aber sie hatte wenig Hoffnung, es zu schaffen (typisch für einen Pessimisten!). Drei Jahre zuvor hatte sie eine längere Therapie gemacht, bei der sie sich mit ihrem Unbewußten beschäftigt und die traditionellen Wege versucht hatte, an die eigenen Neurosen heranzukommen. Diesmal vereinbarten wir, uns nicht groß um die unbewußten Ursachen ihrer Depression und ihrer düsteren Einstellung zu kümmern. Ich machte sie mit einigen der Übungen bekannt, die die kognitiven Therapeuten anwenden, und gab ihr jede Woche ganz bestimmte Hausaufgaben zur Veränderung ihrer Denkmuster. Der Grundgedanke war, an der Veränderung ihres äußeren Verhaltens zu arbeiten, denn ich nahm an, wenn sie sich liebenswerter verhielte, würde sie sich auch liebenswerter fühlen. Sie war sehr motiviert, wollte vorankommen, arbeitete bei allen Sitzungen eifrig mit, und nach erstaunlich kurzer Zeit war sie eine lächelnde Frau mit strahlenden Augen.

Wie es so oft geschieht, war sie nach dem Ende der Therapie weggezogen, und mehrere Jahre lang hörte ich nichts von ihr. Also las ich begierig weiter.

«Es wird Sie freuen zu hören», schrieb sie, «daß

Tom und ich jetzt drei Jahre verheiratet sind, und bisher geht es sehr gut. Gerade haben wir ein Baby von acht Pfund bekommen, und ich kann mir kein besseres Leben vorstellen.»

In seinem berühmten Gedicht an die Liebe sagt uns der heilige Paulus, daß drei Dinge beständigen Wert haben: Glaube, Hoffnung und Liebe. Es steht außer Zweifel, daß wir alle drei besitzen müssen, um den optimistischen Geist aufzubauen und zu erhalten. Doch Paulus hat auch recht damit, welcher dieser Bausteine am wichtigsten ist. Es ist die Liebe.

12 Ihre Redeweise beeinflußt Ihren psychischen Zustand

> Wenn man dauernd sagt, die Dinge würden einen schlechten Lauf nehmen, dann hat man gute Chancen, zum Propheten zu werden.
>
> *Isaac Singer*

In ihrem Bestseller «Auf der Suche nach Spitzenleistungen» berichten Thomas J. Peters und Robert H. Waterman Jr. über die Merkmale der am besten geführten Konzerne Amerikas. Eine ihrer Feststellungen bezüglich dieser hochmotivierten Firmen besagte, daß dort die «Weitergabe guter Nachrichten» üblich war. Die leitenden Angestellten hatten begriffen, wie wichtig es war, sich die Zeit zu nehmen, eine positive Anekdote mitzuteilen oder eine ermutigende Statistik weiterzugeben.

Das ist ein signifikantes Merkmal jedes Optimisten:

Optimisten geben gern gute Neuigkeiten weiter.

Fünf Jahre lang war Steve Bow Senior-Vizepräsident der Versicherungsgesellschaft Metropolitan Life, verantwortlich für dreizehn Staaten und fünftausend Leute. In diesen fünf Jahren wuchs das durchschnittliche Zweigbüro fast auf das Doppelte, die Manager und Vertreter verdoppelten ihr Einkommen, der Gesamtverkauf von Versicherungen stieg um 235 Prozent. Wie kam das? Bow sagt, im wesentlichen hätten sie «eine Atmosphäre von Erfolg geschaffen und aufrechterhalten. Wir sprachen über unsere Erfolge und hielten unsere Fehlschläge möglichst gering. Wir schufen die Überzeugung, daß die Dinge in die richtige Richtung liefen.»

Bei geschäftlichen Konferenzen ist es natürlich, daß vor allem anstehende Probleme behandelt werden; schließlich trifft man sich, um über Schwierigkeiten zu diskutieren. Das ist ein schwerer taktischer Fehler. Einer der wichtigsten Gründe für die Zusammenkunft ist das gegenseitige Fördern der Begeisterung. Man trifft sich, um seine Energien zu vervielfachen. So, wie Holzkohlen sich berühren müssen, um Feuer zu fangen, müssen auch hochmotivierte Leute Tuchfühlung mit anderen hochmotivierten Leuten aufnehmen, damit sie ihr Bestes geben können. Sie sprechen gern über ihre jeweiligen Fortschritte und gratulieren einander, und wenn es Erfolge gegeben hat, suchen sie gern nach Erklärungen dafür, damit man sie wiederholen kann.

Die Entscheidung, jemand zu sein, der gute Nachrichten weitergibt, kann auch eine Familie oder eine Ehe verwandeln. Ich kannte einmal einen Mann, der mit einer ungeheuer attraktiven Frau verheiratet war; er verließ sie wegen einer Frau in seinem Büro, die die Leute als «graue Maus» beschrieben. Ein umgekehrtes Stereotyp, denn statt seine Frau wegen einer anderen zu verlassen, die sexy und jünger war, tat er genau das Gegenteil.

Man forderte mich auf, ihn «ein bißchen zur Vernunft zu bringen», aber ich kam nicht sehr weit. Der Grund für seinen Schritt, erklärte er, sei ganz einfach. Er konnte den Negativismus seiner Frau nicht mehr ertragen. Jeden Abend mußte er sich ihre Klagen anhören. Wenn sie in ein Restaurant gingen, hatte sie an allem etwas auszusetzen. Er machte nie etwas richtig. Schließlich wurde ihm diese schwarze Wolke zuviel.

Seine neue Liebe, sagte er, sehe vielleicht nicht so hinreißend aus, aber sie liebe ihn bedingungslos, «und wenn sie den Mund aufmacht, sagt sie gewöhnlich etwas Fröhliches», berichtete er. «Wenn ich sie nach der Arbeit zum Abendessen treffe, erzählt sie mir, was in ihrem Büro tagsüber los war. Wenn beruflich etwas nicht geklappt oder sie geärgert hat, dann macht sie kein Hehl daraus; aber meistens reden wir über die guten Dinge, die passiert sind, etwas Lustiges, das jemand gesagt hat, ihre Achtung vor den Qualitäten eines ihrer Kollegen.»

Er fuhr fort: «Lassen Sie mich ein Beispiel dafür geben, wie sie ist. Wir essen in einer Imbißstube, und ich bin in solchen Fällen geneigt zu sagen: ‹Na ja, nicht gerade ein Vier-Sterne-Restaurant, nicht?› Sie aber sagt statt so einer zynischen Bemerkung: ‹Weißt du, für eine Imbißstube ist es doch gar nicht übel hier, nicht?›»

Klagen als Gewohnheit

Gelegentlich bitten Firmen mich, mit ihren weniger produktiven Managern und Verkäufern zu arbeiten. Mit Leuten, die versagen, die sie aber gern behalten wollen. Wenn ich mich mit diesen Männern und Frauen zusammensetze und ihnen zuhöre, dann fällt mir immer auf, wie pessimistisch und zynisch sie reden. Man könnte sagen: «Natürlich sind sie negativ eingestellt; sie wissen ja, daß sie in ihrer Firma Probleme haben.» Aber ich vermute, es könnte andersherum gelaufen sein – ein Grund für ihren Mißerfolg könnte ihre Gewohnheit sein, negativ zu sprechen. An irgendeinem Punkt gewöhnten sie sich offenbar an, sich über schlechte Umstände, schlechte Arbeitsbedingungen, den schlechten Stand der Geschäfte auszulassen. Vielleicht brachte ihnen das anfangs etwas Mitgefühl und Aufmerksamkeit ein, vielleicht machten sie es auch anderen Mitarbeitern nach. Auf jeden Fall wurden sie zu negativen, düsteren Menschen, und ihre Arbeit litt darunter.

Sind wir einer solchen Programmierung hilflos ausgeliefert? Sicher nicht. Eine meiner Freundinnen ist eine höchst erfolgreiche Verkäuferin und einer der heitersten, enthusiastischsten Menschen, die ich kenne. Dabei wuchs sie bei Eltern auf, die ständig zankten und stritten. Ihr Vater war ein brillanter Mann, aber ein Griesgram, der seine Arbeit haßte und nicht mit den Leuten auskam.

Die Verkäuferin sagte: «Ich liebte meinen Vater, und er tat mir leid, aber ich sah, wie unglücklich er die Familie machte. Ich entschloß mich, nicht so zu werden wie er. Ich wollte viel lachen, Dinge finden, an die ich glauben und für die ich mich begeistern kann, und versuchen, Leuten, die ich treffe, immer eine gute Nachricht mitteilen zu können.»

Ich fragte meine Freundin, ob das bedeute, daß sie so optimistisch sei, daß sie sich nie geschlagen oder entmutigt fühle.

«Aber nein», antwortete sie. «Ich habe meine Tiefs wie jeder andere auch. Aber ich bleibe nicht unten. Ich lasse nicht zu, daß diese Enttäuschungen sich auf Dauer in meinem Kopf festsetzen. Ich versuche das zu kontrollieren, indem ich bewußt auswähle, was ich den Leuten meiner Umgebung sage. Es ist erstaunlich, wie schnell man sich aus einer depressiven Stimmung herausziehen kann, indem man ein heiteres Thema wählt und darüber ein paar Minuten spricht; plötzlich stellt man fest, daß man viel besserer Laune ist.»

Wie man mit Nörglern umgeht

Wenn ich Management-Seminare darüber abhalte, wie man Mitarbeiter motiviert, sagt mir in der Kaffeepause oft jemand: «Was Sie sagen, ist ja schön und gut, aber bei meinen Mitarbeitern wird es nie funktionieren. Sie sind die hartnäckigsten Pessimisten der Welt, und ich kann sie auf keine Weise dazu bringen, mit dem Gejammer aufzuhören.»

Wie *sollten* wir reagieren, wenn andere negativ sind? Eine der besten Techniken ist das, was ein Manager als wohlwollende Vernachlässigung bezeichnet. Sie funktioniert sehr gut, wenn man den negativen Ton eines Gesprächs verändern will, und die besten Anführer und Motivatoren benutzen sie seit Jahrhunderten. Ein erfolgreicher Vertreter sagte mir, wenn er vor Kunden eine Präsentation vortrage, versuche er, während des ganzen Gesprächs einen hohen Energiepegel zu bewahren. Er beugt sich vor, wenn sie sprechen. Er benutzt viel positive Körpersprache, um zu zeigen, daß er aufmerksam zuhört, er nickt, tritt mit den Kunden auf viele nichtverbale Arten in Kontakt, wirft gelegentlich Kommentare ein, um sie zu ermutigen, weiter über ihre Bedürfnisse zu sprechen. «Aber dann», sagt er, «wenn sie mich mit Einwänden unterbrechen oder anfangen, die Gründe aufzuzählen, warum sie nicht kaufen können, versuche ich nicht, auf jeden Einwand zu antworten. Oft verhalte ich mich einfach still. Ich höre zu nicken auf und höre schweigend zu, ohne zu reagieren. Dann, wenn sich eine Gelegenheit bietet, spreche ich erneut über die Vorzüge meines Produkts.»

Die gleiche Technik kann auch bei Nörglern funktionieren. Wenn sie Ihnen erzählen, wie schrecklich die Welt und wie betrügerisch alle Politiker und wie heuchlerisch die Kirchen seien, dann ist es nicht produktiv, auf jeden Punkt einzugehen. Wenn wir einfach für eine Weile verstummen, kann sich die Richtung des Gesprächs sehr bald ändern.

Wählen Sie unter den Daten in Ihrem Gehirn

Heitere Menschen lassen nicht zu, daß ihre Gedanken dauernd um unangenehme Tatsachen und Erinnerungen kreisen. Sie behandeln ihr Gedächt-

Ihre Redeweise beeinflußt Ihren psychischen Zustand

nis wie einen Computer, aus dem sie bestimmte Dateien abrufen, und dann suchen sie darin, bis sie etwas Erfreuliches gefunden haben, um darüber zu diskutieren.

Mein neuer Nachbar, Everett Wood, ist sechsundachtzig und wohnt seit fast fünfzig Jahren hier in Glendale, Kalifornien. Unser Haus ist Teil einer neuen Siedlung, die zur Bestürzung unserer Nachbarn am Hügelhang über ihnen errichtet wurde. Da unser Haus oberhalb von Everetts liegt, hatte ich nicht damit gerechnet, daß er besonders freundlich sein würde, als wir einzogen. Als wir uns kennenlernten, sagte ich: «Mr. Wood, wenn ich Sie wäre, wäre ich wohl nicht begeistert über alle diese Neuankömmlinge, die Ihre gute Wohnlage verderben.»

Er schaute in die Ferne, lächelte dann ein warmes, freundliches Begrüßungslächeln und sagte: «Tja, Veränderung ist eine gute Sache, und wenn wir jetzt abends nach oben schauen und all die Lichter in Ihrem Haus sehen, sieht es sehr freundlich aus.» Dann sprach er über andere Dinge, aber ebenfalls mit Begeisterung. Es war, als hätte er eine Reihe möglicher Kommentare durchgesehen, bis er einen positiven fand – die freundlichen Lichter – und sich dafür entschied, diesen zu wählen und in Worte zu fassen.

Vor solchen Wahlmöglichkeiten stehen wir täglich. Beim Frühstück können wir, wenn wir wollen,

Dinge sagen wie: «Ach, er hat schon wieder den Abfall nicht nach draußen getragen.» – «Wie unordentlich ihr Zimmer ist.» – «Ist es nicht unglaublich, daß er seinen Wagen wieder hinter unseren in die Einfahrt gestellt hat, nachdem wir ihm so oft gesagt haben, er solle das nicht tun?» Wir können aber auch sagen: «Heute esse ich mit Tom zu Mittag. Ich freue mich immer, wenn ich ihn sehe.»

Was wir mit anderen Leuten besprechen, hat einen bedeutenden Einfluß nicht nur auf deren Stimmung, sondern auch auf unsere, denn wenn wir ein Gefühl – gut oder schlecht – aus unserer Datenbank nehmen und in Worte fassen, geben wir diesem Gefühl ein Eigenleben. In unserem Kopf war es vielleicht noch schwankend, veränderlich, im Fluß. Doch sobald wir es in Worte kleiden, nimmt es eine sehr viel dauerhaftere Form an und kann ein bemerkenswert langes Leben haben.

Geschichtenerzählen und Weitergabe guter Nachrichten

«Gutes Design verkauft sich» ist ein Glaubensartikel bei Herman Miller Inc., einer Firma, die seit Jahren mit gutem Design gutes Geld verdient. Neben anderen Auszeichnungen ist ihr Eames-Sessel aus dem Jahre 1956 im New Yorker Museum of Modern Art ausgestellt.

Wie ist Herman Miller zu einer so erfolgreichen Firma geworden? Einige der Geheimnisse stehen in einem kleinen Buch mit dem Titel «Die Kunst des Führens» von Max de Pree, der viele Jahre lang Vorsitzender bei Herman Miller war. Er erzählt folgende Geschichte:

«Eine der gewichtigsten Personen in Herman Millers Geschichte war ein Mann namens Jim Eppinger. Jim war in den dreißiger und vierziger Jahren der Verkaufsmanager der Firma, vor allem aber in der Zeit, in der wir von der Herstellung solider, traditioneller Möbelstücke zum revolutionären neuen Design von Rhode und Nelson und Eames übergingen. Das waren harte Jahre, wirklich harte Jahre, die sich heute kaum noch jemand vorstellen kann.

Einmal saß ich mit meinem Vater und Jim Eppinger in einer Imbißstube – den beiden alten Kumpeln, denen es zu verdanken war, daß die Firma während der Wirtschaftskrise überlebt hatte. Sie sprachen mit Humor und Nostalgie über einige Schwierigkeiten der frühen Jahre.

Mein Vater erinnerte Jim daran, wie sie einmal zur Weihnachtszeit zusammen in Jims Haus in New Jersey gewesen waren, und erwähnte, wie sehr ihm aufgefallen war, daß Jims Familie weder einen

Weihnachtsbaum noch irgendwelche Geschenke hatte. Dad wußte, es lag daran, daß die Firma nicht genug Geld hatte, um die Verkaufsprovisionen zu bezahlen, die fällig waren.

Dad meinte, Jim erinnere sich wahrscheinlich nicht mehr daran, aber für ihn sei es noch sehr real, weil er das Gefühl hatte, es sei seine Schuld, daß Jims Familie keine Weihnachten hatte. Aber Jim sagte: ‹Ich erinnere mich an den Abend, als wäre es gestern gewesen, denn für Marian und mich war es einer der schönsten unseres Lebens.›

Mein Vater fragte überrascht: ‹Wie ist das möglich?›

Jim sagte: ‹Erinnerst du dich nicht mehr? Das war der Abend, an dem du mir den New Yorker Bezirk gegeben hast. Das war die größte Chance, die ich je bekam.›»

Auch für sich genommen eine wunderbare Geschichte, aber interessant außerdem, weil sie etwas über die Psychologie eines erfolgreichen Führers wie Max de Pree verrät. Wahrscheinlich hat de Pree den Leuten in seiner Firma die Geschichte wieder und wieder erzählt. Solches Geschichtenerzählen innerhalb des Stammes, wie de Pree es nennt, ist in Familien und Kirchengemeinden genauso wichtig wie in einer Firma.

Ihre Redeweise beeinflußt Ihren psychischen Zustand

Wie Sie sich selbst krank machen können

Was wir uns als Gesprächsthema wählen, hat eine Menge mit unserer Gesundheit zu tun. Je mehr wir beispielsweise darüber reden, wie schlecht es uns geht, desto kränker werden wir gewöhnlich. Manche von uns lassen, wenn sie morgens aufwachen und die ersten Anzeichen eines Fiebers spüren, beim Frühstück die ganze Familie wissen, in welcher Gefahr sie sich befinden. Wenn wir im Büro ankommen, sagen wir: «Könnte mir jemand Kaffee holen? Heute morgen fühle ich mich schrecklich.» Bei nächster Gelegenheit, wenn uns jemand zuhört, sagen wir: «Ich muß eine Grippe erwischt haben. Seit Jahren hatte ich nicht so schlimme Kopfschmerzen.» Und je mehr wir darüber reden, wie wir uns fühlen, desto kränker werden wir. Die Wirkung ist schädlich, nicht nur für uns selbst, sondern auch für die Menschen um uns herum.

Es gibt eine alte Geschichte – vielleicht ist sie erfunden – über die Angestellten einer Möbelfabrik in Michigan, die neuen Mitarbeitern einen Einstandsstreich spielten. An einem vorher festgesetzten Tag fingen sie an, nacheinander zur Maschine des Neuen zu kommen und zu sagen: «Joe, du siehst heute aber nicht gut aus. Bist du krank?» Zuerst protestierte der Mann dann und sagte, es gehe ihm gut, aber den ganzen Morgen kamen immer wieder verschiedene Leute und sagten ihm, er sehe schlecht aus und solle sich hinsetzen und ausruhen. Gewöhnlich ließ sich der Arme mittags krank nach Hause schicken.

Verdrängung und Selektion

Teilweise liegen unsere Schwierigkeiten mit diesem Thema daran, daß die Populärpsychologen uns beigebracht haben, unsere Gefühle zu verehren. Man hat uns gesagt, wir alle hätten Gefühle, seien nicht für sie verantwortlich, und das beste sei, sie zu äußern. Freud zufolge ist das Verdrängen von Gefühlen die Quelle jeder Neurose.

In gewissem Maße hatte Freud recht. Wir haben viele Gefühle, die aus unserem Unbewußten aufsteigen, und es ist falsch, wenn man zu leben versucht, als gäbe es sie nicht. Doch je mehr wir über bestimmte negative Gefühle reden, desto mehr verstärken wir sie oft, und das gibt ihnen Glaubwürdigkeit und Macht.

Nehmen wir ein paar Beispiele. Sie kommen vielleicht müde nach Hause, entmutigt von verschiedenen Dingen, die während des Tages nicht geklappt haben. Wenn Sie sich den ganzen Abend darüber auslassen, wie müde Sie sind und wie schlecht die Dinge im Büro stehen, dann fühlt Ihre

Umgebung sich höchst unwohl und Sie selbst sich wahrscheinlich noch erschöpfter.

Ihr Heim sollte ein Ort sein, wo Sie die Füße hochlegen und sich so geben können, wie Sie sind. Wenn Sie also müde und wütend auf Ihren Chef sind, ist es gut, wenn Sie das aussprechen können und dabei wissen, daß Ihre Familie Sie – und Ihre Gefühle – so akzeptiert, wie Sie sind. Aber quälen Sie Ihre Familie nicht damit, daß Sie den ganzen Abend immer wieder auf das unerfreuliche Thema zurückkommen. Nachdem Sie Ihre Schwierigkeiten ausgesprochen haben, gehen Sie zu anderen Dingen über.

Unsere Tochter Donna, eine perfekte Optimistin, kam neulich abends von einer Verabredung zurück, enttäuscht, weil der Filmprojektor des Kinos kaputtgegangen war und der Kinomanager allen Besuchern Eintrittskarten für eine andere Vorführung hatte geben müssen. Manche Leute hätten sich an Donnas Stelle die nächsten fünfzehn Minuten über das schlampige Management des Kinos und das fehlende Ersatzgerät beschwert und allen erzählt, was das für ein schmutziger Trick sei. Nicht so Donna. Nachdem sie berichtet hatte, sie und ihr Freund seien enttäuscht gewesen, sagte sie: «Aber das, was wir von dem Film gesehen haben, war *sehr* gut.»

In fast jeder Situation ist es möglich, dem Gespräch eine optimistische Wendung zu geben.

13 Die Kunst, das zu akzeptieren, was man nicht ändern kann

> Die Essenz des Genies besteht darin, zu wissen, was man übersehen muß.
>
> *William James*

Man könnte die Ansicht vertreten, daß Unzufriedene die meisten der großen Erfindungen und Entdeckungen der Welt gemacht haben. «Zeigt mir einen rundum zufriedenen Menschen – und ich werde euch einen Versager zeigen», schrieb Thomas Edison einmal. Es läßt sich also einiges zugunsten der Unzufriedenheit anführen.

Doch die meisten von uns gehen zu weit. Wir verschwenden einen großen Teil unseres Lebens damit, über Frustrationen zu jammern, zu bedauern, wie Dinge gelaufen sind, unnötig mit dem Kopf gegen die Wand zu rennen, obwohl es das klügste wäre, die Kunst der Akzeptanz zu erlernen. Es ist tatsächlich eine Kunst, die Vergangenheit hinter sich zu lassen und die Welt so zu akzeptieren, wie sie ist, statt alles auf einmal verbessern zu wollen.

Merkmal Nummer zwölf ist also:

Optimisten akzeptieren, was sich nicht ändern läßt.

Wie bei den meisten anderen Dingen ist Ausgewogenheit entscheidend; doch das Gleichgewicht zwischen Beharrlichkeit und Unterwerfung ist nicht leicht einzuhalten. Bei Verkaufskonferenzen lassen sich Sprecher, die Leute motivieren sollen, oft beredt über die Tugend der Ausdauer aus. Dabei scheint die Annahme zu herrschen, wenn man nur fest und lange genug an etwas glaube und niemals lockerlasse, werde man schließlich einen Volltreffer landen. Oft erzählen sie Geschichten über Leute, die nach Öl bohrten und bei ihren Bohrversuchen das große Reservoir nur um wenige Meter verpaßten, oder von Goldgräbern, die sich tief in einen Berghang gruben und dann kurz vor einer Goldader aufgaben. «Wenn sie nur noch fünfzig Zentimeter weiter durchgehalten hätten», sagt dann der Sprecher.

Was sollen solche Geschichten uns eigentlich zu verstehen geben? Daß wir *niemals* aufgeben sollen? Es gibt so etwas wie das Abschreiben von Verlusten und das Weitergehen zu anderen Projekten, die erfolgversprechender sind. W. C. Fields sagte einmal: «Wenn du beim ersten Mal keinen Erfolg hast, versuch's noch einmal. Wenn du beim zweiten Mal noch immer keinen Erfolg hast, versuch's noch einmal. Aber wenn du beim dritten Mal keinen Erfolg hast, gib auf. Es hat keinen Sinn, sich darüber zum Narren zu machen.»

Die Kunst der Zufriedenheit

«Du sollst nicht begehren...», beginnt eines der Zehn Gebote, und die meisten meiner Patienten könnten ihr Leben mehr genießen, wenn sie sich an diese Regel halten würden. Sie meinen, sie wären glücklich, wenn sie jemand anderer wären, wenn sie den Job eines anderen hätten oder wenn sie mit jemand anderem verheiratet wären. Aber Zufriedenheit kommt oft aus dem bewußten Akt des Annehmens. Buffy Sainte-Marie, reinblütige Indianerin und erfolgreiche Folksängerin, sagte einmal: «Ich wollte eine Blondine sein. Mein Ehrgeiz war, zuerst Cheerleader und dann Stewardeß zu werden, wie jedes durchschnittliche Mädchen. Dann wurde mir klar, daß ich als Durchschnittsmädchen eine Versagerin war. Also beschloß ich, ich selbst zu sein.»

Tilden Edwards berichtet von dem wichtigen Symbolgehalt, den ein Fischotter aus Keramik auf seinem Schreibtisch für ihn hat, ein Geschenk seiner Frau:

«Der Otter schwimmt auf dem Rücken und frißt eine Ohrschnecke aus einem zerbrochenen Schneckenhaus: eine faszinierende Szene, die ich an der kalifornischen Küste viele Male gesehen habe ... Der Otter erinnert mich an vieles, das ich in den letzten paar Jahren am Leben schätzen gelernt habe: die Art, wie wir von ihm getragen werden, wenn wir uns bewußt darauf einlassen; der Auftrieb, den diese Erfahrung und dieses Vertrauen uns geben; die große Energie, die dann frei wird und die man in Arbeit und Zuwendung einbringen kann, aber Arbeit und Zuwendung, die etwas Spielerisches und Schlichtes haben.»

Beachten Sie, wie sehr sich dieser Ansatz von dem von Menschen unterscheidet, die sich dauernd beklagen, sie könnten kein Taxi bekommen, der Verkehr sei chaotisch oder es regne. Jemand wird sagen: «Warum regnet es die ganze Zeit? Es sollte nicht regnen. Die Wettervorhersage hat das nicht angesagt. Wir schreiben Juni! Das ist nicht fair! Letzten Juni hat es nicht geregnet!»

Oder denken Sie an den Verkehr auf der Autobahn. Je schlimmer er wird, desto reizbarer werden wir, hupen Leute an, die uns schneiden, und stöhnen, wir würden unseren nächsten Termin niemals schaffen. Diese allgemeine schlechte Laune erzeugt auf beiden Richtungen der Autobahn nur noch mehr Unhöflichkeit. Ein Psychologe vertritt die Ansicht, daß gut funktionierende Menschen zu sich selbst sagen: «Der Verkehr wird so lange chaotisch sein, bis er nicht mehr chaotisch ist. Was ist, das ist.» Sie entspannen sich in ihren Autos, schauen sich die Gegend an und hören Musik.

Ein Lehrer, dessen Namen ich vergessen habe, hat eine gute Unterscheidung zwischen Psychotikern und Neurotikern getroffen. Man fragt einen Psychotiker, wieviel zwei mal zwei ist, und er sagt neunzehn oder sechsundzwanzig oder was ihm gerade einfällt. Solche Menschen müssen beschützt werden. Wenn Sie Neurotiker fragen, wieviel zwei mal zwei ist, dann sagen sie: «Vier, aber ich kann das nicht ausstehen! Warum muß es immer vier sein? Das ist so langweilig! Dauernd ist es vier! Warum wurde ich nicht gefragt, als das entschieden wurde? Warum kann zwei mal zwei nicht ab und zu fünf sein?»

Wenn wir mit einer schwierigen Situation konfrontiert sind, können wir uns fragen: «Was kann ich tun, um diese Situation zu ändern?» Wenn sich nichts ändern läßt, können wir uns entschließen, die Angelegenheit zu ignorieren und uns auf Dinge zu konzentrieren, an denen wir uns freuen können. In einer Buchhandlung fand ich neulich einen Buchtitel, den ich mir gern als Schild an die Wand meines Sprechzimmers hängen würde. Es wäre für meine Patienten da, aber ich bin derjenige, der es am nötigsten hätte. Es lautete: «Alles, was Sie tun können, ist eben alles, was Sie tun können, aber alles, was Sie tun können, ist genug.»

Flexibilität als Tugend

Glückliche Menschen verstehen es, sich anzupassen. Sie sind flexibel, sie lernen neue Dinge, sie stellen sich um. So haben beispielsweise wenige von uns das Leben, das sie sich ursprünglich gewünscht hatten. Gott sei Dank, daß das so ist! Manche Menschen machen sich selbst unglücklich, indem sie starrsinnig an ihren Plänen für die Zukunft festhalten. Wenn sie eine neue Richtung einschlagen müssen, wehren sie sich und lehnen sich auf. «Es ist nicht mehr wie früher», klagen sie, oder: «So sollte das aber nicht ausgehen.»

Die glücklichsten und erfolgreichsten Leute sind die, die begierig sind, Neues zu lernen, und die sich neuen Umständen anpassen, wenn die alten nicht funktionieren. Wenn ein beruflicher Weg fehlschlägt, lernen sie guten Mutes etwas Neues, um ihren Lebensunterhalt zu verdienen. Wenn eine Ehe auseinandergeht, sind sie in der Lage, sich auf das Alleinsein oder eine neue Ehe einzustellen. Wenn sie von anderen Menschen enttäuscht werden und sehen, daß diese sich nie ändern werden, dann akzeptieren sie sie so, wie sie sind, und nehmen es locker.

Wie es bei den Anonymen Alkoholikern heißt: «Ändere, was du ändern kannst, und akzeptiere, was du nicht ändern kannst.»

14 Umwandlungskraft

> Der Geist ist sein eigener Ort und kann in sich selbst aus der Hölle einen Himmel, aus dem Himmel eine Hölle machen.
>
> *John Milton*

Auf all diesen Seiten habe ich davon geredet, daß wir viel Macht über die Einstellung besitzen, die wir zu unserer Umwelt haben, und folglich auch viel Macht über diese Welt. Von allen Lebewesen verfügt nur der Mensch über die Fähigkeit, sein Schicksal zu verändern, indem er seine Einstellung verändert.

Harry Emerson Fosdick schrieb über seine Jugend im Staat New York: An einem Sommertag schickte seine Mutter ihn aus, um ein Viertelpfund Himbeeren zu pflücken. «Ich bewegte mich lustlos und unwillig», sagt er, «und das Gefäß füllte sich sehr langsam. Dann hatte ich eine Idee: Es würde Spaß machen, ein *halbes* Pfund Himbeeren zu pflücken und sie zu überraschen. Es war interessant, ein halbes Pfund zu pflücken und das große Erstaunen des ganzen Haushalts zu erleben; sie haben es nie vergessen. Aber leider habe ich oft die Philosophie vergessen, die dahintersteht: Wir können jede Situation ändern, indem wir unsere Einstellung dazu ändern. Niemand findet das Leben einfach lebenswert vor. Man muß es immer erst lebenswert *machen.*»

Ist Pessimismus realistischer?

Zu Beginn dieses Buches sagte ich, daß niemand Pessimist sein möchte, doch es gibt Leute, die behaupten, sie seien pessimistisch, weil sie «realistisch» sein wollen. Tatsächlich haben einige kluge Intellektuelle gesagt, solange es auf der Welt Kinderschänder und Mörder gibt, sei es einfältig, die Welt optimistisch zu betrachten.

Mit der Frage, ob Pessimismus realistischer sei, sollten wir uns auseinandersetzen. Gewiß wären wir einfältig, wenn wir so zu leben versuchten, als gäbe es auf der Welt kein Leid und keine Ungerechtigkeit. Die praktischen Optimisten der Welt führen selten ein von Leid unberührtes Leben. Im Gegenteil, sie haben oft große Not erfahren. Als beispielsweise der heilige Paulus den Philippern seinen bemerkenswerten Brief über die Freude schrieb, befand er sich in einem römischen Gefängnis und wartete – soweit er wußte – auf seine Hinrichtung.

Umwandlungskraft

Dr. Viktor Frankl ist ein Autor, dessen Gedanken über den Holocaust besonders intensiv sind, weil er ihn selbst erlebt hat. Sein Buch «Der Mensch vor der Frage nach dem Sinn» wurde geschrieben, als er auf fast drei während des Zweiten Weltkriegs in Auschwitz, Dachau und anderen Lagern verbrachte Jahre zurückblickte. Er fragte sich, was einige Menschen überleben ließ, während andere umkamen. Es war ein offenkundiges Paradox, daß manche Menschen von weniger abgehärteter Wesensart das Lagerdasein besser zu überleben schienen als robustere Naturen. Die Erklärung, so entdeckte er, hatte mit ihrem seelischen Zustand zu tun.

Die Fähigkeit, das Böse umzukehren, aus Leid Wachstum zu machen, tragische Aspekte unserer Existenz durch die Kraft einer von Liebe genährten optimistischen Sicht zu verwandeln – das ist ein Beweis ehrfurchtgebietender Macht.

Wir haben die Freiheit, zwischen Gut und Böse zu wählen, zwischen Selbstmord und Leben, zwischen Haß und Liebe, zwischen unmittelbarer Befriedigung und langfristigen Zielen. Wenn wir wollen, können wir uns für die zynische, pessimistische Lebenseinstellung entscheiden. Wir können aber auch die Position der Hoffnung einnehmen, die hartnäckig genug ist, um zu glauben, daß das Beste erst noch kommt. Diese Wahl – die Wahl der Einstellung – liegt bei uns.

Anmerkungen

Vorwort

Untersuchungen von Optimisten (S. 6): Die Beziehung zwischen Einstellung und Gesundheit ist ein heiß debattiertes Forschungsthema sowohl unter Psychologen als auch unter Ärzten. Martin E. P. Seligman, Psychologe und Forscher an der Universität von Pennsylvania, ist ein Pionier dieser Untersuchungen. Wie wir später sehen werden, ist es nicht immer leicht, in diesen Studien zwischen Ursache und Wirkung zu unterscheiden, und einige Behauptungen bezüglich der geistigen Heilung von medizinischen Problemen waren übertrieben. Die kumulativen Nachweise sind jedoch unübersehbar: Eine positive Einstellung führt bei fast allen Unternehmungen zu größerem Erfolg.

Pessimisten (S. 9): Ich bestreite nicht, daß unsere persönliche Geschichte die Art und Weise beeinflußt, wie wir die Welt sehen, und leugne auch nicht, daß einige von uns mit dem geboren sind, was Hippokrates eine melancholische Veranlagung nannte.

Anmerkungen

Heute besteht kaum noch Zweifel daran, daß manche Arten von Depression ererbt sind oder chemische Ursachen haben. Solche endogenen Depressionen scheinen aus heiterem Himmel zu kommen und sind nicht mit irgendwelchen äußeren Geschehnissen im Leben der Person verbunden. Eine Unterart beispielsweise, der bipolare oder manisch-depressive Typ, an dem drei Millionen Amerikaner leiden, scheint ausschließlich ererbt zu sein. Diese endogene Depression (im Unterschied zur reaktiven Depression, die durch irgendein Geschehnis ausgelöst wird) erfordert oft medizinische Behandlung und ist den hier umrissenen Techniken weniger zugänglich als die reaktive Depression. Doch das Schlimmste, was wir tun können, ist, uns der Depression zu überlassen, weil sie «chemisch» ist oder «in der Familie liegt». Wenn einige von uns die Depression nicht aus ihrem Leben eliminieren können, so können sie doch vieles tun, um sie abzuwehren, zu verringern, zu lindern.

Bücher und Einstellungsänderung (S. 10): Neuere Studien zeigen, daß Bücher über persönliches Wachstum für depressive Menschen recht hilfreich sein können. Zwei Selbsthilfebücher wurden fünfundvierzig Personen mit mäßiger Depression gegeben. Sie wurden gebeten, sich vier Wochen damit zu beschäftigen, und anschließend getestet. Mehr als

60 Prozent wiesen eine signifikante Besserung auf. Bei einer Vergleichsgruppe aus Männern und Frauen mit ähnlicher Depression, die die Bücher nicht bekamen, betrug die Besserungsrate im gleichen Zeitraum nur 20 Prozent (Forrest Scogin, Christine Jamison und Kimberley Gochneaur, «Comparative Efficacy of Cognitive and Behavioral Bibliotherapy for Mildly and Moderately Depressed Older Adults», *Journal of Consulting and Clinical Psychology*, Juni 1989, S. 403–7).

Kapitel 1

Churchill, Rede (S. 15): Martin Gilbert, *Winston S. Churchill* (Houghton Mifflin, 1983), 7: 468.

Bennis und Nanus (S. 18): Warren Bennis und Burt Nanus, *Leaders*, Perennial Library Edition (New York: Harper & Row, 1985), S. 69 (deutsche Übersetzung: *Führungskräfte*, Campus, 1985). Siehe auch Warren Bennis' ausgezeichnetes Buch *On Becoming a Leader*, Addison-Wesley, 1989.

Odyssee (S. 19): Homer, *Die Odyssee*, übers. von Wolfgang Schadewaldt (Rowohlt, 1958), S. 11–12.

Anmerkungen

Edison, Experimente (S. 21): Charles Edison, «My Most Unforgettable Character», *Reader's Digest*, Dezember 1961, S. 174.

Kelsey (S. 22): Morton Mintz, *Washington Post*, 15. Juli 1962, S. 1.

Sinclair Lewis (S. 24): Charlie Rice in der Zeitschrift *This Week*, zitiert in *Reader's Digest*, Juli 1964, S. 117.

Bush (S. 25): *Time*, 23. Januar 1989, S. 25.

C. S. Lewis, Aussehen (S. 27): Aus einem Brief an John S. A. Ensor, datiert vom 31. März 1944. Zitiert in Griffin, *Clive Staples Lewis*.

C. S. Lewis, Liebe (S. 28): Aus einem Brief an Alan Richard Griffiths, datiert vom 24. September 1957. Zitiert in William Griffin, *Clive Staples Lewis* (Harper & Row, 1986), S. 389–90.

C. S. Lewis, Tod der Ehefrau (S. 28): Zitiert in *Clive Staples Lewis*, S. 422.

C. S. Lewis, Wut (S. 29): C. S. Lewis, *A Grief Observed* (Harper & Row, 1961), S. 43 (deutsche Übersetzung: *Über die Trauer*, Kösel, 1978).

Edisons Feuer (S. 29): Edison, «My Most Unforgettable Character», S. 177.

Pollock (S. 30): Channing Pollock, *The Adventures of a Happy Man* (Thomas Y. Crowell, 1939).

Kushner (S. 32): Harold S. Kushner, *When All You've Ever Wanted Isn't Enough* (Summit Books, 1986); (deutsche Übersetzung: *Auswege aus dem Irrgarten des Lebens*, Tomus-Verlag, 1987).

Hill (S. 33): Napoleon Hill, *Think and Grow Rich* (Fawcett Crest, 1960), S. 32 (deutsche Übersetzung: *Denke nach und werde reich*, Droemer Knaur, 1989).

Kapitel 2

Jesus (S. 39): Johannes 9: 7; Lukas 5: 24.

Carlyle (S. 40): Fred Caplan, *Thomas Carlyle: A Biography and Other Writings* (Bantam Books, 1982), S. 118.

Goethe (S. 42): Johann Wolfgang Goethe, *Faust. Der Tragödie erster Teil* (Reclam, 1986), S. 8 (Vorspiel auf dem Theater).

Perfektionismus-Untersuchung (S. 43): David D. Burns, «The Perfectionist's Script for Self-Defeat», *Psychology Today*, November 1980, S. 34–52.

Kaleb und Josua (S. 44): 4. Buch Moses, Kapitel 13 und 14.

Geschichte des Rabbi über Ty Cobb (S. 47): Diese Anekdote verdanke ich Robert Fulghum, *All I Really Need to Know I Learned in Kindergarten* (Villard Books, 1989), S. 165–66 (deutsche Übersetzung: *Alles, was Du wirklich wissen mußt, hast Du schon als Kind gelernt*, Goldmann, 1989).

Kapitel 3

Erlernte Hilflosigkeit (S. 52): Martin E. P. Seligman, *Helplessness: On Depression, Development and Death* (W. H. Freeman, 1975) (deutsche Übersetzung: *Erlernte Hilflosigkeit*, Urban & Schwarzenberg, 1979).

Roosevelt (S. 54): Harold E. Kohn, *Through the Valley* (W. B. Eerdmans Publishing, 1957).

Antidepressionszimmer (S. 54): E. S. Taulbee und H. W. Wright, «A Psychological-Behavioral Model for Therapeutic Intervention», *Current Topics in Cli-*

nical and Community Psychology, hrsg. von Charles D. Speilberger (Academic Press, 1971).

Sanford (S. 55): John A. Sanford, *Ministry Burnout* (Paulist Press, 1982), S. 23.

Welch (S. 56): Stratford P. Sherman, «The Mind of Jack Welch», *Fortune*, 27. März 1989, S. 39.

Kontrolle des Individuums über die Zukunft (S. 60): Es gibt einige Nachweise dafür, daß Pessimisten in bestimmten Situationen bessere Übermittler der Realität sind als Optimisten. Timothy M. Osberg, Lauren B. Alloy und Lyn Y. Abramson haben bei ihren Untersuchungen festgestellt, daß nichtdepressive Personen die Dinge weniger realistisch sehen und etwas über dem Boden der Wirklichkeit schweben, im guten Sinne. Pessimisten sind «trauriger, aber weiser», sagt Martin E. P. Seligman. «Wenn Sie möchten, daß jemand an der Börse für Sie Geld anlegt, suchen Sie jemanden, der leicht depressiv ist.» Doch diese Ergebnisse sind nicht überraschend. Der Pessimist ist am Status quo interessiert, er sieht die Dinge, wie sie sind. Der Optimist ist an der Zukunft interessiert und sieht die Dinge, wie sie sein könnten.

Lincoln (S. 58): Benjamin P. Thomas, *Abraham Lincoln* (The Modern Library, 1968).

Kapitel 4

Schweitzer (S. 65): Albert Schweitzer, *The Words of Albert Schweitzer* (New Market Publishing, 1984). S. 60.

Nouwen (S. 70): Henri J. Nouwen, *The Road to Daybreak* (Doubleday, 1988), S. 19, 28 (deutsche Übersetzung: *Gebete aus der Stille*, Herder, 1990).

Hanh (S. 72): Thich Nhat Hanh, *Being Peace* (Parallax Press, 1987), S. 4, 9.

Edwards (S. 74): Tilden Edwards, *All God's Children* (Abingdon Press, 1982), S. 109–110.

Sculley (S. 75): «John Sculley on Sabbatical», *Fortune*, 27. März 1989, S. 79–80.

Kapitel 5

Lincolns Melancholie (S. 81): Benjamin P. Thomas, *Abraham Lincoln* (The Modern Library, 1968), S. 88, 133.

Larson (S. 91): Bruce Larson, *The One and Only You* (Word Books, 1974), S. 79–80 (deutsche Übersetzung: *Erlösung steckt an*, Brockhaus, 1974).

Personalisieren (S. 94): Hier gibt es offenkundig eine Gefahr. Wir alle kennen Menschen, die der Verantwortung ausweichen, indem sie ihre Mißerfolge äußeren Faktoren zuschreiben, obwohl sie in Wirklichkeit ihre Probleme selbst erzeugen. Wenn wir alle Mißerfolge auf äußere Umstände zurückführen und alle Erfolge auf innere Kräfte, dann machen wir uns etwas vor. Wie bei den meisten Dingen ist Ausgewogenheit der Schlüssel. Seligman weist als erster darauf hin und sagt, das Kriterium von innen oder außen sei bei weitem nicht so wichtig für die Determination des Optimismus wie die Frage nach global oder spezifisch und die nach dauerhaft oder zeitweilig.

Kapitel 6

Heiliger Paulus (S. 102): Philipper 4: 8.

Nevelson (S. 105): Natalie S. Bober, *Beaking Tradition* (Atheneum, 1984), S. 139.

Anmerkungen

Rayburn (S. 105): D. B. Hardeman, «Unseen Side of the Man They Called Mr. Speaker», *Life*, 1. Dezember 1961, S. 21.

Salk (S. 107): *Guidepost*, Februar 1983, S. 38–39.

Hanh (S. 111): Thich Nhat Hanh, *Being Peace*, S. 91 bzw. 3–4.

Kapitel 7

Visualisieren bei Sportlern (S. 116): Stephen M. Kosslyn, «Stalking the Mental Image», *Psychology Today*, Mai 1985, S. 27.

Palmer (S. 119): «Making Leaders at Wharton», *Fortune*, 24. Oktober 1988, S. 66.

Coffee (S.120): Gerald Coffee, *Beyond Survival* (G. P. Putnam's Sons, 1990).

Kapitel 8

Sills (S. 127): «Beverly Sills: The Fastest Voice Alive», *Time*, 22. November 1971, S. 81.

Anmerkungen

James (S. 128): William James, *Talks to Teachers on Psychology* (Longmans, Green, 1907), S. 201.

Kennedy (S. 129): Cleveland Amory, «When Faith Is Triumphant», *Parade Magazine*, 3. Juli 1984, S. 4.

Cousins (S. 134): Norman Cousins, *Anatomy of an Illness as Perceived by the Patient* (Bantam Books, 1979). Einige Zeitungsberichte haben Cousins' Position verzerrt. Er hat niemals zu Lachen als *Ersatz* für traditionelle medizinische Behandlung geraten. Siehe sein *Head First* (E. P. Dutton, 1989).

Schweitzer, Cousins (S. 134): Norman Cousins, Anatomy of an Illness, S. 82.

Fry (S. 135): William F. Fry, Jr., *Insight*, 25. Mai 1987, S. 59. Zur Physiologie des Humors siehe auch William F. Fry, Jr., «Humor, Physiology, and the Aging Process», in *Humor and Aging*, hrsg. von Lucille Nahemow, Kathleen A. McCluskey-Fawcett und Paul E. McGhee (Academic Press, 1986), S. 81–89.

Hanser (S. 136): Richard Hanser, «The Other Abraham Lincoln», *The Lion*, Januar 1952, S. 15–16.

Cassidy (S. 137): «Precious Spikenard», *Catholic New Times of Toronto*, 1985, zitiert von Henri J. M. Nouwen, *The Road to Daybreak: A Spiritual Journey* (Doubleday, 1988), S. 21.

New Yorker Philharmoniker (S. 140): George R. Marek, «Take Music Instead of Miltown», *The Art of Living* (Berkeley Books, 1980), S. 144–45.

Thayer (S. 141): Siehe Robert E. Thayer, *The Biopsychology of Mood and Arousal* (Oxford University Press, 1989).

Gesundheit und Optimismus (S. 142): Christopher Peterson, «Explanatory Style as a Risk Factor for Illness», *Cognitive Therapy and Research* 12 (1988), S. 117–30. Christopher Peterson und Martin E. P. Seligman, «Explanatory Style and Illness», *Journal of Personality* 55, Nr. 2 (1987), S. 237–65. Christopher Peterson, Martin E. P. Seligman und George E. Vaillant, «Pessimistic Explanatory Style as a Risk Factor for Physical Illness: A Thirty-Five-Year Longitudinal Study», *Journal of Personality and Social Psychology* 55 (1988), S. 23–27. *Krebs und Einstellung*: H. S. Greer, T. Morris und K. W. Pettingale, «Psychological Response to Breast Cancer: Effect on Outcome», *Lancet* 2 (1979), S. 785–87. K. W. Pettingale, T. Morris, S. Greer und J. S. Haybittle, «Mental Attitudes to Cancer: An Additional Prognostic Factor», *Lancet* 8 (1985), S. 750. Siehe auch Sandra M. Levy, «Behavior as a Biological Response Modifier: The Psychoimmunoendocrine Network and Tumor Immunology», *Behavioral Medicine Abstracts* 6, Nr. 1 (1985), S. 1–4, und S. Levy, R. Heberman, M. Lippman und T. d'Angelo, «Correlation of Stress Factors with Sustained Depression of Natural Killer Cell Activity and Predicted Prognosis in Patients with Breast Cancer», *Journal of Clinical Oncology* 5 (1987), S. 348–53.

Das *New England Journal of Medicine* veröffentlichte einen wichtigen Artikel mit einer gegensätzlichen Meinung zu diesem Thema. Eine Studie von B. R. Cassileth et al. stellte fest, daß es Patienten mit Krebs in fortgeschrittenem Stadium, die eine positive Einstellung hatten, nicht besser erging als jenen, die das nicht hatten. In einem Begleitartikel stellte Dr. Marcia Angell fest: «Es ist Zeit einzuräumen, daß unser Glaube an Krankheit als direkte Widerspiegelung des seelischen Zustandes weitgehend folkloristisch ist.» Diese Debatte wird noch eine Weile andauern, aber es ist wichtig zu bedenken, daß die Cassileth-Studie sich mit bösartigen Krankheiten in fortgeschrittenem Stadium beschäftigte. Cassileth hat inzwischen ausführlich erläutert, daß ihre Studien die Auswirkungen einer positiven Einstellung bei der Behandlung von Krankheit nicht widerlegen, sondern nur zeigen, daß bei Krebs in fortgeschrittenem Stadium «die Biologie die Psychologie überwältigt». B. R. Cassileth, E. J. Lusk, D. S. Miller, L. L. Brown und C. Miller, «Psychological Correlates of Survival in Advanced Malignant Disease», *New England Journal of Medicine* 312 (1985), S. 368–73.

James (S. 144): William James, *Talks to Teachers on Psychology*, S. 201.

Kapitel 9

Thomas, Gehirnzellen (S. 147): Lewis Thomas, *The Medusa and the Snail* (Viking, 1978), S. 157.

Thomas, Warzen (S. 149): Lewis Thomas, *The Medusa and the Snail*, S. 79.

Lipsig (S. 150): *Wall Street Journal*, 12. Juni 1989, Sec. A., S. 1, 4.

Loren (S. 153): Sophia Loren, *Women and Beauty* (William Morrow, 1984), S. 218 (deutsche Übersetzung: *Das Geheimnis meiner Schönheit*, Ullstein, 1985).

Kapitel 10

Clark (S. 155): *Los Angeles Times*, 20. September 1988, Pt. 4, S. 3.

Nin (S. 156): Anaïs Nin, *The Four-Chambered Heart* (Swallow Press, 1959), S. 48 (deutsche Übersetzung: *Djuna oder Das Herz mit den vier Kammern*, Nymphenburger, 1983).

Anderson (S. 156): Robert Anderson, *Solitaire/Double Solitaire* (Random House, 1972), S. 32.

Durant, Byrd (S. 157): June Callwood, «The One Sure Way to Happiness», *The Art of Living* (Berkeley Books, 1980), S. 157.

Berkman (S. 158): Paul Faulkner, *Making Things Right* (Sweet Publishing, 1986), S. 155.

Liebe und Angina pectoris (S. 159): Maya Pines, «Psychological Hardiness», *Psychology Today*, Dezember 1980, S. 43.

Towne (S. 161): *New York Times*, 27. November 1988, Sec. H., S. 13.

Kapitel 11

Williams, Feindseligkeit (S. 164): Redford Williams, M. D., *The Trusting Heart* (Times Books, 1989), S. 52, 68.

Williams, Nachsicht (S. 166): Redford Williams, M. D., *The Trusting Heart*, S. 195.

Fulghum (S. 168): Robert Fulghum, *It Was on Fire When I Lay Down on It* (Villard Books, 1989), S. 46–47.

Geschichten und Therapeuten (S. 171): In seinem aufschlußreichen Buch *The Call of Stories* (Houghton Mifflin, 1989) vertritt der Harvard-Psychiater Robert Coles die Meinung, daß Psychotherapeuten aus der Lektüre von Romanen Gewinn ziehen können. Unsere Patienten, sagt er, bringen uns ihre Geschichten und hoffen, sie uns so gut erzählen zu können, daß wir die Wahrheit ihres Lebens verstehen.

Rolle des Arztes (S. 173): Die Ausdeutung dieser Studie ist noch lange nicht beendet, und die Debatte wird jahrelang heftig weitergehen, denn verschiedene Behandlungsschulen treten jeweils für ihre Sache ein. Man sollte beachten, daß das Placebo, das unschädlich war, möglicherweise positive Erwartungen erzeugt hat, die zur Besserung beitrugen, und man sollte auch bedenken, daß bei schwer depressiven Patienten das «klinische Management» nicht so hilfreich war wie andere Methoden. Für weitere Untersuchungen siehe Irene Elkin, Ph. D., und andere, «National Institute of Mental Health Treatment of Depression Collaborative Research Programm», *Archives of General Psychiatry* 46 (November 1989), S. 971–83.

Heiliger Paulus, Liebe (S. 178): 1. Korinther 13: 13.

Kapitel 12

Thomas J. Peters und Robert H. Waterman, Jr., (S. 179) *In Search of Excellence* (Harper & Row, 1982), S. 71 (deutsche Übersetzung: *Auf der Suche nach Spitzenleistungen*, Efal, 10. Aufl. 1984).

De Pree (S. 188): Max de Pree, *Leadership in Art* (Doubleday, 1989), S. 65–66 (deutsche Übersetzung: *Die Kunst des Führens*, Campus, 1990).

Kapitel 13

Edwards (S. 195): Tilden Edwards, *Living Simply Through the Day* (Paulist Press, 1977), S. 1.

«Dale Carnegies Geheimnis ist kondensierte Lebenserfahrung.»
Wirtschaftswoche

Seit über 800 Wochen auf der Bestseller-Liste.

Leinen / 352 Seiten

«Dieses Buch hat nicht von ungefähr eine Weltauflage von über 15 Millionen.»
Frankfurter Rundschau

Leinen / 304 Seiten

«Der Schlüssel zum Erfolg! Diese Lebensweisheiten begeistern Millionen.»
News

Leinen / 268 Seiten

Nehmen Sie sich heute einmal Zeit für sich!

Gabriela Bunz-Schlösser

Komm mal einen Tag zu Dir!

Wege zu einem glücklicheren Leben

149 Seiten, Paperback
ISBN 3-478-08541-1

Normalerweise verschenken wir etwa 80% unserer gesamten Energie, nur weil wir sie nicht richtig nutzen. Wir regen uns über Kleinigkeiten auf, wir strengen uns an, anderen zu gefallen, wir versuchen, unsere Arbeit hundertfünfzigprozentig zu erledigen, und unsere Seele bleibt bei all diesen Bemühungen auf der Strecke.

In diesem Buch gibt die Autorin Tips, wie Sie in vielen Situationen Energie tanken können, wie Sie mit Ängsten, depressiven Verstimmungszuständen und Partnerschaftsproblemen besser umgehen und dadurch fröhlicher und glücklicher werden können.

Erhältlich in Ihrer Buchhandlung

mvg-verlag im verlag moderne industrie AG
86895 Landsberg am Lech

Das Buch für alle, die ihr Leben ändern wollen - vom Bestseller-Autor Erich J. Lejeune

Erich J. Lejeune ist ein Meister der Kommunikation und der Motivation. Seine Botschaft **Lebe ehrlich - werde reich!** hat er in Hunderten von Vorträgen im In- und Ausland, in zahlreichen Fernsehauftritten, Interviews und Zeitungsartikeln ausführlich einem begeisterten Publikum vorgetragen! Die Richtigkeit des positiven Denkens beweist er mit seinem Erfolg als Unternehmer Tag für Tag. Mit seinem Leben führt er vor Augen, daß man Niederlagen mit Zuversicht und Mut überwinden kann. Erich J. Lejeune zeigt Ihnen mit **Lebe ehrlich – werde reich!**, wie sich scheinbar unerfüllbare Wunschträume in greifbare Wirklichkeit verwandeln lassen.

448 Seiten,
geb. mit Schutzumschlag
ISBN 3-478-71790-6

mvg-verlag im verlag moderne industrie AG,
86895 Landsberg am Lech